JN439184

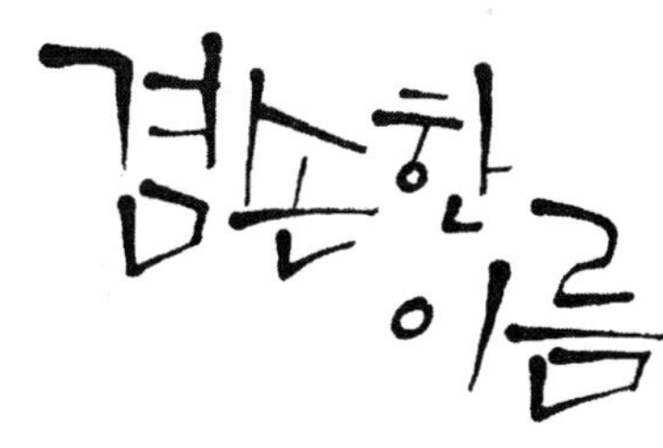

겸손한 이름

이은희 수필집

교음사

| 책 머리에 |

새벽 바람소리가 달빛을 가른다.

창에 걸려있는 푸른빛이 아침이 가까워짐을 알려준다. 간밤에 뭘 썼는지 어떤 이야기를 뱉어 냈는지 또렷이 기억할 수는 없지만, 열심히 쓰긴 쓴 모양이다. 머리가 텅 빈 것을 보니.

글을 쓰며 하얗게 샌 밤이 어디 한두 번이랴. 습관처럼 하던 낙서가 한 줄이 되고 두 줄이 되고 두 줄이 세 줄이 되고 그 길이가 길어지면 주제가 생기고 제목도 생겨 제법 그럴싸한 글이 된다. 글을 쓴다는 것이 이렇게 매력이 있는 작업인 줄 몰랐다. 내 이름 앞에 수필가라는 명찰 하나가 더 달려 있는 이유이다.

어느 선생님이 내 글을 읽고 아호를 초향(草香)이라 지어 주셨다. 향기는 감출 수도 없고 덮어도 안 되고, 주변에 조용히 퍼져 다른 사람들이 느낄 수 있게 하는 것이다. 그런 향기가 내 글에서 나는데 그 향기가 풋풋한 풀 향기 같다고 하시며 아호를 지어주셨다. 내가 쓴 글이 향기처럼 주변 사람

들에게 은근히 스며들어 향기롭고 사랑받는 수필가가 되라 하셨다.

읽고 또 읽어도 재미있고 보고 또 봐도 뿌듯했던 나만의 글들을 한데 모아 멋진 책으로 만들었다. 이 책 또한 풋풋한 풀향기의 매력을 담아 독자들로부터 사랑받는 책이 되길 기대해 본다.

2019. 5. 봄

저자 이은희

이은희 수필집　겸손한 이름

- 책 머리에
- 차 례

1. 귀한 선물

2. 남는 장사

3. 낯선 이름

4. 생각

5. 별이 잠든 강 언덕

6. 향토사

1부

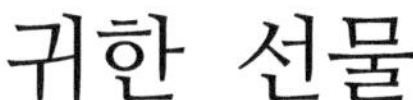

겸손한 이름

“아들아, 넌 성년이 되니 뭐가 제일 좋더냐?”

“좋기는요 어머니, 어깨가 무겁습니다.”

매년 5월 셋째 주 월요일은 성년의 날이다.

어린이가 성장하여 성년의 단계로 들어선다는 것은 사회 구성원으로서의 책임과 의무를 갖는다는 의미다. 드디어 그 대열에 우리 집 막내가 합류를 했다.

성년의 날을 맞아 우리 집에서는 간단하게 치루는 행사가 있다. 성년을 맞는 자녀에게 부모가 아호를 지어 선물하고, 성인으로서의 자각과 사회인으로서의 책무를 일깨워주며 성년이 되었음을 축하하는 시간을 갖는다. 그것은 관혼상제의 ‘관’에 해당하는 중요한 의식이기도 하다. 디지털 시대에 사는 아들에게 전통문화에 대한 이해와 자긍심을 심어주고 올바른 가치관을 정립할 수 있는 계기를 마련해 주는 소박하지만 중요한 우리 가족행사다.

삼 남매의 성인식은 올해로 모두 끝났다. 흐뭇한 마음보다 섭섭함이 큰 것은 나이 듦인가. 어느새 아빠보다 훌쩍 커버린 막내의 키를 보며 섭섭함은 잠시 잊고 든든함에 살며시 미소 짓는다. 나도 엄마임에 틀림이 없다.

아이들은 기대한다. 성년의 날 내겐 어떤 이름이 생길까. 큰딸에게 또 하나의 이름이 생기는 것을 동생들은 부러워했다. 둘째 셋째 역시 기대하며 성년의 날을 맞았다. 아이는 태어나면 이름이 생긴다. 그 아이의 성품과는 상관없이 이름을 지어주고 아이는 그 이름을 평생 쓴다.

아호는 다르다. 흔히 스승이 제자에게, 윗사람이 아랫사람에게, 부모가 자식에게, 친척이나 어른들이 지어주거나 자작하는 경우도 있지만, 자녀를 20년간 키우면서 보고, 느낀 것, 아이의 성격이나 꿈, 처해있는 환경이나 여건을 가장 잘 아는 부모가 아호를 지어 성년의 날 아이에게 선물을 한다면 의미있는 일이 아닐까.

귀하고 어려운 문자보다는 소박하고 정감 가는 문자에 아이들의 꿈을 담아보자. 부르기 쉽고 듣기 좋은 이름에 겸손함까지 묻어난다면 그 보다 더 좋을 수는 없을 것이다.

아이들이 자라는 과정을 살펴보고, 그 아이의 인생관이나 좌우명을 존중하고 꿈과 희망이 담긴 이름 하나를 성년이 되는 자녀에게 선물해 줄 것을 권하고 싶다.

무뚝뚝한 우리 집 막내가 성년의 날을 기다렸던 이유가 바로 여기에 있음이라.

큰딸의 아호는 '해밀'이다.

순수 우리말로 '비 온 뒤에 맑게 갠 파란 하늘'이라는 뜻이다.

서른 가까이에 살고 있는 그 아이의 정신세계는 아직도 세 살적 맑은 모습 그대로다. 천진난만하다. 순수하고 작은 것에도 큰 감동을 받는 아이, 가끔은 세상물정 모르는 조선 시대 여인 같지만, 유학까지 다녀 온 외유내강의 예쁜 숙녀다.

그 아이가 어릴 때, 토라져서 엉엉 울다가도 이름만 부르면 "네" 하고 높은 소리로 대답하고 언제 울었냐는 듯 손등으로 눈물을 훔치고 웃으며 달려오곤 하였다.

어느 해 장맛비 그친 파란 하늘을 보며 '큰아이랑 많이도 닮았구나.' 하는 생각을 했다. 비 갠 후 조각난 파란 하늘을 닮은 큰아이는 수필가다. 그 아이가 성년을 맞은 날 '해밀'이라는 아호와 낙관을 새겨서 선물했다. 등단 이후 아이는 아호와 낙관을 세상에서 가장 값진 선물이라며 소중히 간직하고 있다.

둘째 이야기다.

둘째의 아호는 '청아(靑我)'다.

둘째를 생각하면 '독야청청(獨也靑靑)' 이란 말이 제일 먼저 떠오른다. 홀로 푸르다. 홀로 높은 절개를 지켜 늘 변함이 없음을 나타내는 이 사자성어는 둘째를 두고 한 말인 것 같다. 초심을 잃지 않고 한결같은 마음으로 살아가는 둘째의 성격을 나는 푸를 '청'에 비유를 하고 앞으로도 지금처럼 살아주길 바라는 맘을 가득 담아 선물했다. 성년의 날 낙관과 아호를 받아 든 아이는 부모님의 뜻을 잘 받들어 열심히 살겠다는 각오를 다졌다. 그 아이는 고등학교 교사가 되었다.

막내는 아들이다.

어려서부터 귀남이라고 부르던 아이다. 그 아이가 올해 성년의 날을 맞았다.

그 아이의 아호는 '정행(正行)'이다. 20년을 자라면서 한 번도 정도를 이탈한 적이 없다. 학교에서도 걸어 다니는 모범답안이라는 별명이 붙은 아이다. 앞으로도 지금까지처럼 바른길로, 바른 행동, 바른 생각만 하면서 살기를 바라는 마음을 담았다.

세 아이의 성년식은 모두 끝났다. '휴우……' 하고 한숨을 쉬고 보니 내 나이가 60을 향해 달음박질치고 있다. 아직 생겨나지도 않은 손주들에게도 겸손한 이름을 선물해 줄 수 있는 멋쟁이 할머니로 살고 싶다.

(2013. 5. 20.)

반가운 이름

‘앞 길 창창 짱짱 만질수록 커지는 금동이 수박만한 다이아체리 구렁이 딸기’

내년에 태어날 외손주의 태명이다. 아직은 손녀인지 손자인지도 모르는 아기의 긴 이름을 국문학이 전공인 석사 출신의 아기 이모가 지었다.

가방끈 긴 이모가 긴 이름을 지은 데는 재밌는 이야기들이 숨어있다. 어느 것 하나 뺄 수 없는 귀한 것들이라 차례대로 부르기로 하고 긴 이름이 번거롭거나 나처럼 외우지 못하는 사람은 그중 하나만 골라서 자기만의 태명을 부르자는 거다. 혹 아기가 못 알아듣거나 날마다 달라지는 자기 이름 때문에 스트레스를 받으면 어쩌나 걱정도 했지만 아기의 이모는 절대 그럴 일 없다고 엉뚱한 대답을 한다.

배 속의 아기는 똑똑한 아이라서 긴 이름도 다 알아듣는 건 물론 누구의 목소리인지도 기억해 낼 것이다. 창창이를 부르면 외할머니, 금동이를 부르면 친할아버지, 짱짱이를 부르면 엄마 아빠, 긴 이름을 부르면 이모라는 것을 아기는 알아듣고 반응할 것이란다. 그렇게 똑똑한 아기 걱정은 말고 가능하면 긴 이름을 다 불러 주도록 하잔다.

태아들이 쉽게 받아들이는 단어들이 '짱짱' '창창' '쑥쑥'과 같은 맑은 발음과 더러는 센 발음을 잘 기억하는 습성이 있다 한다. 창창과 짱짱, 쑥쑥은 그런 의미에서 붙여진 이름이고 만질수록 커지는 금동이는 아기의 할아버지께서 꾸신 태몽이다. 만질수록 커지는 금덩어리 꿈을 꾸고 벙어리 냉가슴 앓듯 말도 못 하고 혼자 은근히 손주를 기다리신 것 같다. 수박만 한 다이아체리는 태명을 지어 준 태아 이모의 태몽이다. 산더미만큼 쌓인 체리더미에서 파내고 고르고 뒤지고 해서 수박만 한 체리를 구했는데 그 체리는 다이아몬드로 되어있었다. 체리를 품에 안고 뒤도 안 돌아보고 도망을 쳤는데 꿈이더란다. 동생한테 꿈을 팔아 조카를 얻으려 했다 하니 앞 길 창창 짱짱이 금동이 체리 구렁이 딸기가 생겨났나 보다. 산모의 시 외할머니가 꾼 구렁이 꿈도 친구가 꿈에서 봤다는 딸기도 모두가 소중하고 기이한 꿈이라 어느 것 하나 뺄 수가 없었다는 변명 아닌 설명을 듣고 다들 고개를 끄덕였다.

앞길 창창 짱짱 만질수록 커지는 금동이 수박만 한 다이아체리 구렁이 딸기야! 넌 여자니 남자니? 여자면 딸이라서 좋고 남자면 아들이라서 좋다.

엄마 힘들게 하지 말고 얌전하게 있다가 나올 때 힘차게 소리치며 나오렴.

울어도 예쁘고 크게 울면 더 예쁘다. 네가 있어 나는 외할머니다. 남들이 부르는 할머니 소리가 네 덕분에 억울하지 않겠구나. 고맙다 아가야. 네 이름을 불러본다. 얼마나 부르고 싶었던 이름이었는지 너는 모르지?

반갑다!

앞길 창창 짱짱 만질수록 커지는 금동이 수박만한 다이아체리 구렁이딸기야!

(2014. 8. 2.)

산 넘어 산

소나기처럼 눈이 내린다.

먼 어머니의 나라에도 겨울이 시작됐나 보다.

주먹만 한 눈송이가 한 줄 흐트러짐 없이 쏟아지더니 저녁 무렵 작은 마을을 하얗게 덮어 버렸다. 수북하게 쌓인 눈 위로 산짐승의 울음소리가 들린다. 저물어 가는 12월의 노랫소린가, 산짐승도 눈을 좋아하나 보다.

거실엔 철없는 목련이 활짝 피었다. 나뭇가지에 가득한 눈꽃처럼 하얗고 탐스럽게 피어 거실을 화사한 봄으로 만들어 놓았다. 하얀 눈송이와 하얀 목련. 겨울과 봄을 함께 그리는 순백의 깨끗함이 마음을 편안하게 한다. 겨울에 태어난 둘째의 환한 미소가 늘 그러하듯…….

소나기처럼 내리는 눈도, 거실이 환하도록 활짝 핀 목련도 공부가 재미있다는 둘째가 중등교사 임용고시 2차 시험을 하루 앞두고 일어난 일들이다.

지난 한 주는 때 이른 추위에 옷을 껴입고도 웅크린 채 자라목을 하고 살았는데 거짓말처럼 날씨가 풀리고 안팎에서 축복이라도 하듯 폭설에 목련이 만개하였다. 눈도 꽃도 다 좋아하는 둘째에게 이 또한 때 이른 선물인가 철없는 목련을 보며 하얗게 미소를 짓는다.

11월, 1차 시험을 치던 날.

아이 혼자 보내고 마음이 편치 않아 끝날 시간에 맞춰 남편과 집에서 출발하였다. 3시간은 족히 걸리는 거리다. 시험장에 도착하니 그 큰 운동장에 주차할 곳이 없었다. 수능도 대입도 아닌 시험장에 상상을 초월하는 광경은 누구든 깜짝 놀랄 일이다. 부모 마음 다 똑같은가 보다. 오길 잘했다는 생각에 한결 마음이 가벼워졌다. 겨우, 그것도 이중 주차를 하고 아이가 나올 때만을 기다린다.

멀리서 아는 얼굴의 한 청년이 뛰어온다. 둘째 아이가 오빠라고 따르는 청년이다. 내가 낳은 적도 없는데 둘째의 오빠라 하니 늦게 아들 하나를 얻은 셈이다. 그 청년도 둘째 걱정에 아침부터 자리를 뜨지 못하고 기다리고 있었다 한다. 청년실업이 심각하고 더구나 적성에 맞는 직업을 갖기란 쉽지 않다. 교사가 되고 싶다는 둘째의 아름다운 도전에 가족들은 큰 박수를 보내며 힘찬 응원을 하고 있다. 청년에게 우리가 온 사실은 비밀로 하고 시험이 끝나는 대로 둘째를 데리고 우리가 있는 곳으로 오라고 부탁을 하고 우리는 자리를 옮겼다.

한 시간 남짓 기다리는 시간이 차를 타고 달려 온 3시간보다 더 지루하고 힘들다.

들고 간 노트를 펼쳐 편지를 쓰기 시작한다.

작은 딸……,

고생 많았다.

어려서부터 한 고집 하더니 신통하네.

끝까지 잘 견뎌 줘서 고맙다. 역시 듬직한 상미야.

결과도 중요하지만 지금까지 준비해온 과정도 값진 시간들이다.

그 많은 시간을 홀로 싸우느라, 외롭고 지치기도 했겠지만

잘 참아낸 넌, 이미 훌륭한 선생님이다.

힘들었던 시간들은 어떤 말로도 보상이 안 된다는 것 안다.

그래도 오늘은 고맙고 미안하다는 말을 하고 싶다.

네가 잠 못 자고 책과 씨름할 때도 난 편한 잠을 잤다.

네가 아파서 먹지도 못하고 고통 받을 때 난 밥을 먹고 커피를 마셨다.

네가 화상을 입고 상처를 들여다보며 통증을 참아내는 동안 난 개그콘서트를 보며 웃었다.

네가 하루를 25시간으로 쪼개고 초를 세며 사는데도 난 낮잠을 잤다.

더위도 추위도 모르고 뭐가 아쉬운지 절실한지도 모르는 엄마는 고운 단풍을 쳐다보며 감탄하고, 하늘이 맑다고 네게 문자를 날렸다.

아침밥을 먹고 거울 앞에 앉아서 오늘은 아이들에게 무엇을 가르쳐 주지가 아니라 어떤 옷을 입을까 어떤 색의 립스틱을 바를까 생각하며 하루를 시작한다.

그 시간 너는 세수도 못 하고 원수 같은 책을 또 손에 들어야 했을 텐

데 말이다.

가끔 내가 너희들을 낳아서 키운 엄마가 맞나 확인하며 웃는다. 미안하다.

말씬 한 번을 안 부리고 잘 자라준 너희들 덕분에 엄만 오늘도 부자처럼 산다.

그동안 고생 많았다. 고맙다.

네가 오늘 나를 춘천으로 불렀구나. 덕분에 아빠랑 드라이브 했네.

오늘도 넌 딸 노릇을 톡톡히 하는구나. 이쁜 넘은 뭘 해도 이쁘다니까.

상미야……, 이미 주사위는 던져졌다. 결과에 연연하지 말자. 넌 충분히 잘 했어.

오늘은 맛있는 거 실컷 먹고 푹 쉬렴. 아빠 카드로 내가 쏜다.

큰딸 같은 작은딸, 엄만 세상에서 네가 젤이다.

– 사랑해. 2012. 11. 10. 수험장에서 엄마가.

잠시 후 아이들이 들어온다.

둘째는 생각지도 않았던 엄마 아빠의 출연에 깜짝 놀라며 반가워하더니 이내 내 품에 안겨 엉엉 우는 것이 아닌가. '엄마, 미안해' 소리만 연신 내뱉으며 눈물을 펑펑 쏟고 있다. 아이의 야윈 두 볼을 감싸 쥐고 '잘했어 잘했어 엄마가 미안해' 아무리 다독여도 울음은 그칠 생각을 않는다. 그동안 혼자 공부하며 쌓였던 감정들이 엄마를 보는 순간 해일처럼 밀려와 폭풍 울음을 울고 있다. 흐느끼는 아이를 보며 우리 부부는 물론 우두커니 서 있던 청년도 돌아서서 슬그머니 눈물을 훔친다. 키만 훌쩍 커서 어른이지 아직은 어린 딸이다. 내가 연출한 깜짝쇼가 이쯤 되면 성공인 셈이다.

아이들과 점심을 먹고 헤어졌다. 내 맘 같아선 집으로 데려와 며칠 푹 쉬도록 해 주고 싶었으나 1차 필기시험을 무사히 통과할 것 같다는 아이는 2차 준비 때문에 쉴 시간이 없다고 한다. 엉엉 울 때와는 다른 모습이다. 제법 믿음직스럽다. 그렇게 아이들은 서울로 우리는 집으로 돌아왔다.

4주 후, 1차 시험 합격자 발표가 났다. 아이는 넉넉한 점수로 합격을 하였다. 자신의 꿈을 향해 한 발짝 다가서는 아이는 각오가 대단하다. 발표 후 1주일 뒤에 2차 시험이다. 2차 시험을 하루 앞두고 우리 집 거실에는 철없는 목련이 만발하였다. 시험 당일은 더 많은 꽃송이가 활짝 피어 온 집안을 환하게 밝혀 주니 이보다 더 큰 축복은 없으리라. 깜짝쇼를 대신해 목련꽃 가득한 거실에서 조용히 두 손을 모은다. 조심스레 2차 시험 합격을 빌어 본다.

목련 꽃이 지고 많은 날이 지났다. 2차 시험도 합격하고 보니 산 넘어 산이란 말이 실감이 난다. 정말 어려운 3차 시험이 남았다. 선생님 되는 길이 이렇게 멀고 험한 줄 미처 몰랐다. 삼 남매를 키우며 그 아이들이 학교에 다닐 때는 선생님이 두려움의 대상이었다. 혹 우리 아이가 말썽이라도 부리면 어쩌나, 선생님이 미워하면 어쩌나, 선생님 눈 밖에 날까 봐 늘 걱정이었다. 선생님 앞에서는 내가 더 긴장하고 할 말도 제대로 못 하고 그러다 보니 선생님이 내게 편한 사람일 리 없었다.

둘째가 공부하는 것을 보고 이젠 선생님이 두려움의 대상이 아니라 존경의 대상으로 바뀌었다. 힘든 선택을 한 둘째가 나는 자랑스럽다. 마지막 관문을 무사히 통과하여 훌륭한 선생님으로 존경받는 날이 오길 바라는 맘 간절하다. 3차 시험 전날은 우리 집에 어떤 일이 생길까 사뭇 기대가 된다.

(2012. 12.)

대대장님만 믿습니다

발걸음이 무겁다는 것이 어떤 기분인지 알았다.

뒤에서 나를 부르는 소리가 들리는 것 같아 돌아보고 또 보고 눈을 부릅뜨고 또 봐도 아쉬움 뿐 보이는 건 아무것도 없더라. 그렇게 땡볕에 너를 세워두고 되돌아오던 길은 참 멀고 지루했다.

그 후 일주일을 일 년처럼 살았다. 그러나 네 손목에 시계는 일 년이 일주일처럼 빨리 지나가길 바랐다. 사람들은 말하더라. 2년 금방 간다고. 남의 일이니까 그럴 수도 있겠지. 난 일주일도 길더라. 남은 20개월 3주를 어떻게 채울까 많이 고민했다. 그 시간 속에는 훈련소 연병장에서와 같은 슬픔과 눈물은 없길 바랐다.

입대 일주일 전, 아들은 큰 가방을 하나 들고 집에 왔다. 아들을 보니 가슴이 쿵 내려앉았다. 올 것이 왔구나, 그리고 갈 때가 되었구나. 환하게 웃는 아들을, 나는 슬픈 얼굴로 맞이할 수밖에 없었다. 아들의 식단을 짜고 계획표를 만든다. 오늘은 뭘 먹고, 어딜 가고, 누굴 만나고……. 마주치면 눈물이 날까 제대로 눈도 한 번 못 맞추고 하루처럼 일주일을 보냈다.

집에서 논산까지는 꽤 먼 거리다. 서둘러 길을 떠난다.

여행길에 늘 그랬듯이 과일을 먹고 차를 마시며 종알종알 이야기하고 깔깔대며 웃기도 한다. 간밤에 잠 못 자고 끙끙대던 모습들은 간 곳이 없다. 명랑한 큰딸이 함께 탄지라 차 안의 분위기는 즐거운 여행길이다. 간간이 아들 휴대전화에 벨이 울린다. 지인들이 잘 다녀오라는 인사를 하는 모양이다. '차라리 모르는 척해주지.' 전화를 받을 때마다 말수가 적어지는 아들을 뒷좌석에서 지켜보노라니 억장이 무너진다. 약한 모습 안 보이려고 겨우 참았건만……. 도착 시각이 가까워지자 모두 말을 잃었다. 한 사람이라도 말을 하면 다 펑펑 울 것 같은 묘한 분위기 속에 훈련소 앞에 도착했다.

진풍경이 벌어졌다. 훈련소 입구 분위기는 생각과 사뭇 달랐다. 가판대 위에 낯선 물건들을 가득 올려놓고 사람들을 불러 모으는 상인들로 북적였다. 가까이 다가가 가판대를 살펴보니 투박한 시계, 각반, 깔창 등 군인들에게 필요한 물건들이다. 내 아들이 훈련병임이 실감 나는 순간이다. '아들아 네 덕분에 평생 못 볼 뻔했던 진풍경을 봤구나.' 그 분위기에 압도당한 아들은 말이 없다. 겁먹은 표정이 나를 불안하게 한다.

최고의 점심상을 받고도 한 술 못 뜨는 아이의 눈은 촉촉하게 젖어 있다. 눈물을 감추려 애를 쓰는 아들의 모습에서 나를 본다. 태연한 척 중심 잡던 남편도 종알종알 큰딸도 아들에게 동생에게 약한 모습 안 보이려고 안간힘을 쓸 뿐 아무런 말이 없다. 최고의 점심상은 손도 안 대고 연병장으로 향한다.

입영행사를 알리는 안내방송이 나온다. 아들과 헤어질 시간이다. 아이를 저 넓은 연병장으로 보내야 하는데 손을 놓을 수가 없다. 한번 안아주고 싶은데 두 팔이 모자란다. 눈물을 감추고 싶은데 맘 같지 않다. 건강하게 잘 다녀오라고 말하고 싶은데 입이 떨어지지 않는다. 얼굴 한번 만져주고 싶은데 눈물 고인 아들의 눈을 볼 수가 없어 포기한다. 그렇게 손을 놓고 아이는 짧게 인사하더니 연병장으로 뛰어간다. 앞사람을 밀치고 들어서서 아이의 뒷모습이 안 보일 때까지 손을 흔든다. 땀인지 눈물인지 내 얼굴은 금방 세수를 한 것처럼 젖어있다.

군악대가 입장하고 연대장님이 자리를 하니 입영 행사가 시작된다. '충성'이라는 구호와 함께 오른손을 올려 거수경례를 한다. 그 우렁찬 함성이 논산 하늘에 울려 퍼진다. 내 가슴이 뭉클하다. 연대장님이 환영사를 한다. '멋진 남자로 가는 첫걸음 육군훈련소에 온 것을 환영한다. 아울러 대한민국 육군 됨을 축하한다.' 연대장님은 부모들에 대한 인사도 잊지 않았다.

"아들 가진 부모님 심정을 이해합니다. 나도 아들을 키우는 아버지입니다. 훈련기간 중 내 자식처럼 돌보겠습니다. 걱정하지 말고 안전하게 돌아가시기 바랍니다."

연대장님 환영사를 듣고 나니 가슴에 얹혀있던 맷돌을 내려놓은 듯 시원하고 숨통이 탁 트인다. 마지막으로 1,800명 훈련병이 연병장을 한 바퀴 행진하며 부모님께 작별인사를 하겠다는 사회자의 말이 끝나기도 전 사람들은 스탠드 난간에 붙어 섰다. 다 똑같아 보이는 1,800 훈련병 중에 내 아들 얼굴만 눈에 쏙 들어온다. 신기하다. 그 아이도 나를 보고 손을 흔들며 웃어준다. '장하다'라는 짧은 혼잣말 속에 막내아들을 위한 기도와 자랑스러움, 뿌듯함과 감동 모두를 담았다. 잘 돌보겠다던 연대장님은 약속을 잘 지키시겠지. 믿기로 했다.

아들 입대 둘째 날 나는, 뜬눈으로 밤을 새고 아침을 맞는다. 아들이 일어날 시간에 맞춰 나도 같이 서성인다. 밥도 물도 목구멍으로 넘어가지 않는다. 말도 하기 싫어 전화기도 모두 꺼버렸다. 비는 왜 자꾸 오는지 비 오는 걸 유난히 싫어하던 아들이 사무치게 보고 싶다.

셋째 날. 그 녀석 짐 정리를 한다. 며칠 전 서울 집에서 책이랑 옷가지며 생활용품이 든 상자들이 택배로 우리 집에 배달이 되었지만, 차마 풀지 못한 채로 현관에 두었다. 드나드는 길, 언제나 녀석이 눈에 밟혔다. 용기를 내어 상자를 열었지만 족히 며칠은 걸릴 것 같다. 상자 하나에서 야구복과 용품들이 쏟아져 나온다. 응원 도구들까지 모아뒀구나. 야구를 좋아하는 아들은 두산 팬이다. 그 아들이 벌써 보고 싶다.

넷째 날, 빨랫감을 구분한다. 비 오는 날 쉼 없이 세탁기를 돌린다. 옷도 많다. 참 곱게도 입었구나. 아이가 또 보고 싶다.

닷새째, 오늘은 밥도 먹고 TV를 보며 웃기도 한다. 전화기도 연결하고 문자도 주고받는다. 생각해 보니 나는 자식이 아들만 있는 것이 아니다. 며칠씩 전화도 안 받고 연락이 안 되는 엄마를 걱정하는 예쁜 딸이 둘이나 있다. 그 딸들을 미처 생각 못 했다. 미안하다. 내가 건강해야 아들 휴가 때

밥이라도 해주지 생각을 바꾸니 마음이 편하다. 오늘은 아들이 조금 보고 싶다.

엿새 째, 일 년은 된 것 같은데 겨우 5일 지났다. 오늘은 햇볕 쨍쨍한 날, 폭염에 열대야까지. 여름이라 용서는 된다만 땀이 많은 아들 걱정에 잠시 우울해진다. 차 한 잔을 들고 베란다로 간다. 방충망에 매미 한 마리가 붙어 있다. 울지도 않고 조용한 것을 보니 비에 젖은 날개를 말리고 있는 모양이다. 그런 매미 앞에서 눈물을 말리고 서 있는 내가 우습다. 훈련병 아들은 지금이 저녁 먹을 시간이다.

책상에 앉아 수료식 날 먹이고 싶은 것들을 순서대로 쉼 없이 적는다. 몇 시간 동안 이 많은 걸 아이는 다 먹을 수 있을까. 수료식은 아직 4주나 남았다. 엿새째 되는 날 수료식을 상상하며 기대에 부풀어 있다.

훈련소 입소 1주일을 눈물로 보내고 어느덧 1년 1개월이 지났다.

부대개방행사를 알리는 대대장님 편지가 도착했다. 눈이 번쩍 뜨였다. '이렇게 반가울 수가. 그날은 열 일 제쳐두고 부대로 가야지.'

2014년 8월 29일 3시간여 달려서 부대에 도착했다. 위병소 앞에는 이미 많은 사람이 와 있다. 부대를 소개하는 동영상을 시작으로 행사가 진행되었다. 잘 짜여진 프로그램에서 대대장님의 세심함을 보았다. 용사들을 사랑하고 그 부모님을 배려하는 따뜻한 마음을 보았다. 내 생전에 이런 귀한 경험을 하다니, 새삼 아들에게 고마움을 느낀다. 훈련병 시절 흘린 눈물이 부끄럽기까지 하다.

아들은 기갑부대다. 차근차근 장비를 설명해 주던 그 아들은 더는 우리 집 막내가 아니다. 늠름한 대한민국 육군이다. 아들에게 한 마디 건넨다.

"너 그렇게 씩씩하고 의젓하면 군대 한 번 더 보내고 싶어지잖아."

건강하고 안전하게 전역하도록 지휘 관심 갖겠다던 대대장님만 믿고 가벼운 마음으로 차에 오른다. 아들 입대 날에도 분명 푸르렀을 국도변의 녹음이, 그제야 눈에 들어왔다. (2014. 8.)

선물

아이는 닭똥 같은 눈물을 뚝뚝 흘리며 현관에 들어선다.

늦둥이라 쥐면 터질까 불면 날아갈까 조심스레 정성을 다해 키운 아이 눈에서 눈물이라니 가슴이 철렁 내려앉는다. 다그쳐 묻지만 아무 말도 하지 않고 굵은 눈물만 뚝뚝 흘리며 책가방을 멘 채 꼼짝 않고 현관에 서 있다.

초등학교 후문과 우리 집은 길 하나를 사이에 두고 있다. 아침에 학교를 보내면 집에 오는 시간까지를 못 참고 끝나는 시간에 맞춰 가까운 후문을 두고 아이가 드나드는 교문 앞으로 달려간다. 기린 목을 하고 교문 안을 살피며 아이를 찾는다. 친구들과 재잘거리며 운동장을 가로지르는 아이를 보며 세상에서 아들은 나 혼자 있는 것처럼 어깨를 치켜들고 으스댄다. 엄마가 서 있는 교문을 아이가 싫어하는 줄도 모르고…….

아이는 생일이 3월 1일이다. 생일날마다 태극기를 달고 텔레비전에는 대통령도 나오고 노래도 부르고 끝날 땐 만세삼창도 한다. 아이의 생일상에 둘러앉아 남편이 이야기한다. 오늘 막내 생일이라서 태극기 달고 텔레비전에서는 기념식도 한다. 누나들 생일엔 저런 일 없었는데 귀남이라고 대통령 할아버지도 축하 메시지를 보낸다며 농담을 한다. 어린 아이는 참말로 알아들은 모양이다.

초등학교 1학년 1학기 기말고사를 치른 날. 아이는 닭똥 같은 눈물을 뚝뚝 흘리며 현관에 서 있다. 슬기로운 생활 시험 문제 중에 '국기를 다는 날은 언제인가?' 아이는 한 번의 망설임도 없이 자기 생일이라고 답을 적었다. 아빠 때문에 문제를 틀린 것도 억울한데 아이들에게 놀림까지 당하고 집으로 온 아이는 석고상처럼 현관에 서서 아빠만 찾는다. 평소 유머를 즐기는 남편도 당황하는 눈치다.

그 꽃 같은 아이가 지금은 육군 상병이다. 아이의 생일에 가족들이 부대 앞에 다 모였다. 군인으로서 첫 생일파티를 위병소에서 한다. 올 생일에도 남편은 옛날 얘기를 하며 군인 아저씨를 놀린다.

국기 다는 날이 언제인지 확실하게 안 초등학교 1학년 학생은 용돈을 모아 다음 해 내 생일 선물로 태극기를 사 왔다. 학교 앞 문구사에서 샀다며 작은 태극기를 포장도 안 하고 고사리손으로 내게 내민다. 아차 싶었다. 그때까지 우리 집에는 태극기가 없었다. 애국가와 태극기를 모르는 사람이 있겠느냐마는 살 생각은 못 했다. 태극기를 내민 아이가 어른보다 낫다는 생각에 부끄럽기까지 했다.

그날 남편에게 대문에 게양할 태극기를 사 오라고 주문했다. 시내를 다

뒤져도 태극기를 살 수가 없었다. 찾는 사람이 없어 파는 사람도 없는 시골이다. 마침 남편 직장에 하나 남는 것이 있어서 가져왔다. 1학년 때 확실하게 배우고 경험했던 태극기 다는 날. 우리 집에 태극기가 생긴 것을 아이는 좋아했다.

그 아이가 초등학교 2학년 때 지금 사는 아파트로 이사를 했다. 아파트는 구조상 국기를 달기에 편리하게 되어있다. 우리 집 태극기 담당은 초등학생 막내였다. 그 아이의 태극기 사랑은 시험문제를 틀려서 엉엉 울던 그 날부터 지금까지 계속이다. 아이는 태극기를 달고 쏜살같이 달려 나가 우리 집을 쳐다본다. 태극기가 펄럭인다고 아래에서 소리를 지르며 엄마를 부르던 아이. 큰일을 혼자 해낸 뿌듯함은 어디 두고 시무룩해서 현관에 들어선다. 어인일일까 또 가슴이 철렁 내려앉는다. 아파트 178세대 중 태극기가 달린 집은 일곱 집이란다. 아이의 실망스런 표정에 나도 할 말을 잊는다.

그 아이는 진학을 위해 객지로 나갔다. 사람이 나면 서울로 보내고 말이 나면 제주도로 보내라 했던가. 아이는 알아서 서울로 갔다. 바쁜 대학 생활 중에도 국기 다는 날은 전화로 확인을 한다.

“엄마, 국기 달았어?”

입춘이 지나고 며칠 후, 옷집에 들렀다. 봄에 입을 옷 몇 가지를 사서 나오려는데 대리점 주인이 다시 부른다. 예쁘게 포장된 원형의 통 하나를 건넨다. 뭐냐고 물었다. 회사 회장님이 독립운동가여서 3·1절을 맞아 고객들에게 주는 선물이라며 태극기란다. 이런 횡재가 있나 군에 있는 아들 생각이 났다. 귀한 선물을 받았다.

집으로 돌아와 우리 통로 엘리베이터에 광고문을 써서 붙였다. “태극기가 필요 하신 분은 703호로 오세요.” 태극기는 하나인데 두 사람이 연락이 왔다. 급히 하나를 더 사서 두 사람에게 나도 기분 좋게 선물했다.

3·1절. 아들 대신 태극기를 달았다. 아들처럼 쏜살같이 내려가 아파트를 쳐다보았다. 우리 통로에 두 집이 더 늘었다. 집으로 돌아와 생각했다. 해마다 아들 생일을 기념하기 위해 두 집씩 태극기를 선물하기로 마음먹었다. 내년에도 후년에도 태극기 선물은 계속된다. 우리 아파트에 집집마다 태극기가 휘날리는 그날을 상상만 해도 가슴이 벅차오른다.

아들에게 다시 물어본다. 태극기 다는 날이 언제인가를.

아이는 여유 있게 웃으며 자기가 전역하는 날이라고 답하지 않을까.

-「태극기와 나」 수기공모 2014

내 이름 석 자

L 선생의 부탁을 받았다.

부안에 가면 매창의 묘소를 찾아 참배하고 L 선생 대신 술 한 잔 따르고 오라는 간곡한 청이었다. L 선생은 매창을 보기 위해서라도 꼭 가야 할 세미나지만 몸이 하나인지라 어찌할 수가 없다고 안타까워했다. 매창이 보고 싶고 채석강변에서 하룻밤을 보내고 싶다고 했다. 매창과 함께 온 천하를 내 것으로 만들고 싶다며 정성껏 매창을 기다리는 사람이 있다고 꼭 전해달라는 부탁을 해 왔다.

매창을 그리워하는 맘이야 어디 L 선생뿐이랴. '세상에 뜻을 품은 남자라면 같은 시대에 태어나 매창과 함께 풍류를 즐기고 싶은 마음 한 번 왜 없었겠는가.' 자색이 곱지는 못해도 글재주와 거문고 솜씨가 뛰어나 문전에 조선팔도의 시인묵객들이 들끓었다는 매력적인 여인이 바로 매창이다.

서출로 관기가 되었지만 천성이 고고하고 깨끗하여 음탕한 것을 좋아하지 않았으며 매화를 유난히 좋아하여 매화나무 창가, 창가에 심어져 있는 매화라 하여 매창(梅窓)이라 부르던 여인이 부안 문화원 뒷마당에 고이 잠들어 있다.

「자연과 문학」이란 주제로 수필문학 하계세미나가 열린 곳은 매창이 명성을 날리던 부안이다. 아침 일찍 출발하여 여섯 시간을 달려갔다. 행사 시작 시간 보다 훨씬 먼저 도착하여 채석강과 주변 관광지를 돌아보았다. 이미 많은 회원들이 도착하여 바다를 보며 시간을 보내고 있었다.

세미나가 막 시작되자 사회자는 시간이 모자라니 간단하게 하자고 발표자에게 청을 한다. 발표자의 자리에 앉기까지 얼마나 많은 시간을 투자하고 준비를 하였을까. 사회자는 아랑곳하지 않고 빨리 끝내라는 독촉을 한다. 본의 아니게 악역을 할 수밖에 없음을 이해는 한다. 해마다 하는 회원 소개를 올해도 또 하며 시간을 낭비하고 한 시간쯤 일찍 도착하여 서성이며 아까운 시간을 보낸다. 그런 시간을 아껴서 발표자가 준비한 내용을 충분히 이야기 할 수 있도록 계획하면 좋겠다는 생각을 해 본다. 짧은 시간에 많은 이야기를 듣고 적으려니 내 머리도 마음도 분주하다.

삼삼오오 멀리 등대 불빛이 깜박이는 채석강변에서 잔을 부딪치며 통영 그 후 1년을 이야기한다. 책에서 자주 보던 이름들이 낯설지 않은 걸 보니 어느새 그 속에 내가 함께 있음을 실감한다. 철썩이는 파도 소리도 바다를 넘나드는 웃음소리도 모두가 정겹고 익숙하다. 해마다 만나는 사람들끼리 또 모여 앉았다. 채석강의 밤은 그렇게 깊어만 간다.

다음 날 아침, 일찍 전망대로 오른다. 아담하고 조용한 격포항이 한눈에 들어온다. 아직 배가 들어올 시간이 안 되었나 보다. 멀리 서해 바다의 끝을 찾는다. 다 받아들이는 넉넉함을 바다에서 배운다. 아침식사로 나온 백합죽이 일품이다.

매창을 만나러 가는 즐거움이 이런 것인가. 가슴이 콩닥콩닥 뛰기 시작한다. 뽀얗게 분칠하고 빨갛게 입술을 그린다. 머리를 땋아 올리고 단정하게 생활한복을 입는다. L 선생이 청한 몇 가지를 외워 본다. 매창을 만나면 그대로 전하리라. 그리고 부탁하리라. 이젠 그만 L 선생을 놓아 주라고.

물어물어 도착한 곳은 매창공원. 부안 문화원 마당으로 들어서니 '이화우 흩뿌릴 제 울며 잡고 이별한 임…….' 매창의 시비가 보인다. 위로 올라가니 매창의 묘소가 있다. 묘소 앞에는 두 개의 비석이 있는데 하나는 '명원 이매창 지묘' 또 하나는 '전라북도 기념물 제65호 이매창 묘'가 좌우에 세워져 있다. 그 시절 여자로 태어나 이름을 갖기조차 어려웠을 터, 반듯한 묘소에 비석이 두 개라. L 선생의 부탁이 아니어도 저절로 고개가 숙여졌다.

송도에는 황진이가 부안에는 매창이 있다. 내 이름 석 자도 어딘가에 남길 수 있을까. 수필문학 하계세미나 「자연과 문학」. 그 보다 더 큰 과제를 안고 차에 오른다. (2009. 7. 17.)

자식 자랑 돼라

'베토벤이 누구인지도 모르는데 난 해마다 베토벤 이야기로 상을 탔다. 책을 보니 하얀 곱슬머리에 수염이 많은 할아버지인데 난 왜 그 할아버지 이야기를 원고지에 옮겨야 하지.'

우리 집 큰딸이 초등학교 2학년 때 혼자 중얼거리는 소리를 듣고 깜짝 놀랐다. 내 딴엔 '아이가 상을 받으면 자신감이 생길 거야'라는 짧은 생각에 대신 써 줬던 내 방법이 잘못 되었음을 깊이 깨닫는 순간이었다. 다음 해 삼일절 아침이었다. 큰 애가 삼일절에 대해 묻기에 유관순 위인전을 주고 도서관 가서 읽고 오라고 했다. 아이는 온종일 어디 있었는지 집에 오지 않았다. 그 일이 있고 난 뒤 아이는 궁금한 것이 있어도 절대 엄마한테 묻지를 않았다. 대답을 원하는 아이에게 책을 쥐어 주는 엄마가 아이도 싫었을 것이라는 생각을 한 건 오랜 시간이 지난 뒤였다.

또래들보다 나이도 키도 작은 둘째를 초등학교에 입학시키고 마음이 놓이지 않았다. 그 아이를 데리고 예습을 철저히 했다. 그것도 모자라 다음 날 학교에 가면 발표할 내용을 메모지에 써서 책갈피마다 끼워 넣었다. 하루는 아이의 알림장을 살피는데 '어머니 학교에 한 번 다녀가세요.'라는 빨간 글씨의 메모가 있었다. 뭔 일인가 가슴이 철렁하여서 한걸음에 달려갔다. 퇴근 준비를 하던 선생님은 차를 권하며 궁금했던 이야기를 풀어 놓는다. 아이들을 보내고 교실 정리를 하다 보면 딸아이가 앉았던 자리에는 항상 어머니 글씨의 메모지가 떨어져 있다는 것이다. 하루 이틀도 아니고 그 메모지가 궁금하다는 이야기였다. 내 얘기를 다 들은 선생님은 좋지 않은 방법이라고 나를 나무라듯 말했다. 얼굴이 화끈거리고 부끄러웠다. 그때 그 선생님 아니었더라면 나는 끊임없이 그 짓을 했을 것이다. 아이의 자립심을 송두리째 빼앗아 버리는 그 아찔한 상황을 선생님께서 지적을 해 줬다.

엄마란 가끔 자녀를 자기의 소유물 정도로 알 때가 있다. 아이들 숙제를 대신 해 주는 것이나, 책을 들려 도서관으로 쫓아내는 짓이나, 발표하라고 미리 적어서 책갈피에 넣어 주는 일은 내 아이를 내가 못 믿기에 하는 행동임을 엄마 자신만 모르고 있다.

윗사람이 똑바로 하면 아랫사람도 그대로 본받는다는 '윗물이 맑아야 아랫물이 맑다.'라는 속담이 있듯이 아이들이 본받을 만한 행동을 어른들이 하면 될 것을 인성교육도 주입식으로 하려는 잘못 된 생각을 하고 있었다.

덕분에 막내는 방목(?)을 했다. 수학 점수가 전교 꼴찌라도 씩씩한 그 녀석이 좋았다. 학원은커녕 공차고 구슬치기만 하며 저녁엔 흙강아지가 되어

들어와도 그 녀석은 예뻤다. 위인전 읽기가 방학숙제라고 하는 막내에게 읽기 싫으면 안 읽어도 된다고 했다. 널 위인전의 주인공처럼 키우려면 엄마가 먼저 읽고 준비를 해야 한다. 욕심만 많은 엄마가 널 위인으로 만들기란 부족하다. 물론 위인전을 읽으면 막내에게 동기부여는 될지 모르지만 어린 막내가 원하는 것은 공 차고 뛰어노는 것이다. 난 막내가 하고 싶은 것을 맘껏 하게 두었다.

아이들이 다 자랐다. 엄마의 욕심은 스멀스멀 또 기어올랐다. 큰 아이가 대학 진학을 앞두고 엄마한테 상담을 청했다. 아이가 원하는 반대 방향으로 진로를 결정해 주었고 아이는 내 말을 따랐다. 4년을 졸업하고 유학을 마치고 결국은 본인이 원하던 공부를 하겠다고 대학원에 다시 진학을 했다.

둘째 역시 대학 진학을 앞두고 고민을 할 때였다. 못된 엄마는 또 아이의 진로를 바꾸었다. 착한 딸은 엄마 말을 들었다. 대학을 졸업하고 그 아이도 본인이 원했던 일을 찾아서 하고 있다. 어차피 할 선생님, 아이가 원하던 대로 진학을 했으면 그래도 쉬웠을 것을, 무식한 엄마 때문에 배로 노력을 했던 아이다.

방목을 한 막내는 엄마 상담을 생략하고 스스로 결정한 진로를 통보해 왔다. 반대할 이유도 명목도 없었다. 혼자 살아가는 방법을 일찍 깨우쳤기 때문인지 지금까지는 알아서 척척이다.

지금이 대학입학 수시원서를 쓰는 시기다. 나 같은 엄마들이 많으리라는 생각을 한다. 이런 내 경험을 이야기해 주고 아이의 의사를 존중하라 말하고 싶지만 전해줄 방법이 없다. 힘들어하는 아이와 실랑이를 벌이고 있을

나 같이 한심한 엄마들이 없길 바랄 뿐이다.

심심찮게 흘러나오는 시험지 유출사건. 욕심 많은 부모가 자식을 못 믿어서 하는 행동이려니 생각한다. 아이가 바르게 자랐다면 옳고 그름 정도는 판단하지 않았을까. 부모가 훔친 시험지를 아이에게 줬다 한들 인성이 바른 아이라면 사양했을 것이다. 그 부모에 그 자식이라는 말이 나온다.

'자식자랑 말고 자식 자랑 돼라.'는 말이 오늘은 유난히 가슴에 와 닿는다.

(2018. 8. 20.)

귀한 선물

현관문 두드리는 소리가 난다.

'아침 댓바람에 도대체 누구야?'

찾아올 사람도 없고 기다리는 사람도 없는데, 휴일 늦잠을 방해하는 소리가 난다. 잘못 찾은 집이려니 무시하고 다시 잠을 청하는데 이번에는 초인종을 누른다. 딩동딩동! 크게 울리는 초인종 소리를 못 들은 척 귀를 막고 이불을 뒤집어쓴 채 눈을 꼭 감는다. 조용하다. 꿈을 꾼 것 같기도 하고 잠결에 잘못 들은 것 같기도 하다.

막 잠이 들려는데 문 두드리는 소리가 또 난다. 이어 초인종까지 눌러댄다. '도대체 누가 이른 시간에 소란을 피우는 거야, 걸리기만 해 봐라.' 머리는 산발을 하고 반쯤 감은 눈으로 현관문에 매달려 바깥 정황을 살핀다. 아무도 안 보인다. 그럼 그렇지 찾아올 사람이 없는데……, 방으로 들어가려는 순간.

"에미야! 문 좀 열어라!"

시어머니의 화난 목소리가 들린다. 큰일이다. 밖은 아직 어둑어둑, 이른 시간에 어인 행차신지 방방이 잠자고 있는 아이들을 깨우고 파장에 엿 할미처럼 분주하게 어머니 맞을 준비를 한다.

현관에 들어선 어머니의 표정에 찬바람이 인다. 쥐구멍이라도 찾아 들어가고 싶은 내 심정을 어머니가 아실까. 서슬 퍼런 시어머니를 아랫목에 모셔두고 서둘러 아침준비를 한다. 다행 친정어머니가 해다 준 밑반찬으로 밥상을 가득 채운다. 국그릇에 수저를 걸쳐놓고 말문을 여신다.

"일요일이 아니면 에미를 만날 수 없어 밤새 잠 한 숨 안 자고 기다리다 일찍 집을 나섰다. 남의 집에 시집을 왔으면 대를 이어줘야지 아들 낳을 생각은 안 하고 돈을 벌면 얼마나 번다고 돈 번다는 핑계로 밖으로만 나도니 내가 답답해서 왔다. 당장 직장 그만두고 아들이나 하나 낳아라!"

청천벽력과도 같은 소리에 할 말을 잃었다. 내 나이가 몇인데 아들타령을 하시는지 어머니께 그럴 수 없음을 설명하자 수저를 내동댕이치고 현관문을 박차고 나가신다. 기력도 좋으시지 걸어서 그 먼 길을 되돌아가셨다.

아들 못 낳는 것이 내 잘못인가. 하나 있는 서방도 내 편이 아닌지라 집안 분위기도 예전 같지 않다. 시어머니가 한바탕 바람을 일으키고 간 자리에 두 딸이 우두커니 서 있다. 마치 자기네들이 죄인인 양 눈치를 보며 나를 위로하려 든다. 그 후 어머니와 난 아들 문제로 자주 부딪혔다. 아니 일방적으로 내가 당했다.

고심 끝에 직장을 그만두고 어머니의 소원을 들어드리기로 마음먹었다.

지금 같으면 어림도 없는 일이지만 그땐 더이상 거역할 수 없는, 겁 많은 며느리였다.

이름보다 귀남이라고 더 많이 불리는 우리 집 막내, 그 아들이 시어머니와 생일이 같다. 오매불망 손자 타령하시더니 80생일에 손자를 보시고 눈시울을 붉히시던 어머니의 모습이 지금도 생생하다.

'효'와 '불효' 중 내가 선택했던 것은 '효'였나 보다. 어머니는 손자의 재롱을 지켜보는 것이 생의 최고 낙이라고 하셨다. 덕분에 귀남이는 할머니 사랑을 듬뿍 받고 자랐다. 어머니는 항상 손녀들에게는 동전을, 어린 손자는 큰 지폐를 주셨다. 나도 누나들처럼 동그란 돈을 달라고 지폐를 물리던 그 아이는 지금도 할머니를 큰 돈 주시던 후덕한 할머니로 기억하고 있다.

아들을 볼 때마다 어머니 생각이 난다. 어머니가 아니었다면 난 아들 키우는 재미도 모르는 엄마가 될 뻔했다. 어머니 덕분에 내겐 든든하고 잘생긴 아들이 있다. 귀남이는 어머니로부터 받은 가장 크고 귀한 선물이다. 그 아이가 크면 클수록 어머니에 대한 고마움은 아이가 크는 몇 배로 늘어난다.

그 아들은 지금 씩씩한 대한민국의 육군이다. 일병 계급장을 달고 열심히 나라를 지키고 있는 막내아들, 다음 달에 휴가 온다고 했지? 아이가 오면 어머니 산소부터 다녀와야겠다.

"어머니, 고맙습니다. 지금까지처럼 바르게 잘 크도록 뒷바라지 하겠습니다. 내게 귀한 선물을 주고 가신 어머니 정말 고맙습니다."

- (『수필문학』 2014. 5월호)

내 나이가 어때서

100시간.

순식간에 지나간 시간들이다.

따가운 햇살이 시간을 삼키고 무더위가 책갈피에 쌓이던 여름날의 100시간.

새로운 학문에 발을 들이고 새로운 사람들을 만난다. 낯선 강의실에서 익숙한 향의 커피를 마시고 컴퓨터 자판 대신 연필과 노트를, 모니터 대신 칠판을 본다.

딱딱하고 어려울 것이란 막연한 선입견 때문에 수강을 결정하기까지는 많은 시간이 걸렸다. 내 나이가 어때서, 더 늦기 전에 시작하는 거야. 늦었다고 생각할 때가 가장 빠른 시기라고 했으니 도전해보자. 안 하고 후회하느니 해보고 후회를 하자. 시작이 반이라 했다. 포기란 없으니 끝까지 가는 거야. 내게 최면을 걸고 시작한 미술심리상담사.

미녀 강사는 자신감을 갖게 한다. 용기가 생긴다. 중년의 베테랑 강사는 이런 것 할 수 있겠어요? 해야 한다고 겁을 준다. 할 수 있겠냐고 자문한다. 아무렴 하다마다 뭐 어려운 일이라고. 오기가 생긴다. 몸집은 크지만 귀여운 새댁 강사는 선무당은 되지 말라고 신신당부를 한다. 열심히 하라는 소리로 듣고 야심차게 출발을 한다.

이론과 실습을 병행하면서 딱딱하고 어려운 심리학을 쉽고 재밌게 배운다. 과제를 하느라 밤잠을 설치고 비록 떨리는 목소리지만 발표도 서슴없이 한다. PPT를 만들어 알록달록 색을 입히고 붕붕 날아오르는 효과도 넣는다. 내 나이가 어때서, 젊고 어린 사람들이 엄두도 못 낼 자료를 뚝딱 만들어 내는 내가 어때서. 부러우면 지는 거다. 20여 명의 학생은 이미 내 손안에 들어왔다. 자신감도 용기도 오기도 열정도 난 이미 정복했다.

미술심리상담사.

미술을 통해 상담할 수 있고 편안한 대화법으로 삶의 여유를 찾아주는 매력 있는 직업이다. 현대인들이 받는 각종 스트레스나 아동, 어른, 노인, 장애가 있는 사람이나 사회 적응 능력이 부족한 사람 등 자기 표현력이 부족한 이들에게 미술이라는 매개를 통해 자연스럽게 변화의 단계로 이끌어간다. 색깔을 이용해 자신을 표현하고 그림으로 이야기하는 모든 과정을 함께 하는 훌륭한 조력자가 되는 일이다.

수업이 중반을 넘어섰다.

처음 듣던 용어와 학자들의 이름이 자연스레 내 입을 통해 나오고, 달달 외웠던 주요 이론들이 제법 대화의 소재가 되기도 한다.

새댁 강사 시간이다.

강의실은 울음바다가 되고 시간을 비롯해 모든 것이 정지된 상태다. 강사는 수업을 잇지 못하고 턱을 괴고 앉아 울고 있는 학생들의 표정만 살핀다. 후련해질 때까지 실컷 울고 속에 뭉친 것들 다 뱉어 내라 한다. 아내이고 엄마며 한 집안의 며느리로 딸로, 사회의 한 구성원으로서 받은 모든 스트레스를 남김없이 쏟아내라 한다. 수업의 주제는 '죽음'이었다.

죽음에 대한 공포를 없애고 어떻게 맞이할 것인지를 생각하라 한다. 유언장을 쓰고 여러 사람 앞에 큰 소리로 읽으라 한다. 가상이고 수업일 뿐인데 읽는 이도 듣는 이도 흐느껴 울기만 한다. 수업은 울음으로 끝이 난다.

진지하게 죽음에 대해 생각해 본 적이 없다. 아직은 젊고 할일이 많다고 생각했기에 감히 죽음을 생각할 겨를이 없었다. 삼 년 전 딱 한 번 가상이지만 유언장을 써 볼까 생각하고 백지를 펼쳤다. 첫 줄을 쓰고 나니 눈물이 앞을 가려 도저히 쓸 수가 없었다. 내가 좋아하는 새댁 강사의 수업이라 눈물을 참고 끝까지 썼다. 다시 보고 싶지 않아 바로 없애버렸다.

어느 날은 두 눈이 퉁퉁 붓도록 울기도 하고 어느 날은 배꼽이 빠지도록 웃기도 하고 심각한 날, 심란한 날, 즐거운 날, 행복한 날, 그렇게 100시간이 채워지고 시험이 있는 날이다.

아침에 만년필 두 자루에 잉크를 채웠다. 하얀 종이에 '만점 받아 오리다.' 만년필로 곱게 써서 식탁에 올려놓고 시험장으로 갔다. 자신감과 용기와 오기 그리고 열정은 어디로 가고 젊은이들을 만날 때마다 작아지는 내 자신을 발견, 심호흡으로 나를 달랜다. 시험장에서 감독 선생님이 하시는 말씀 "연세도 있으신데 글씨가 명필이네요. 참 잘 쓰시네요." 그 한마디에 자신감 충전. 그렇게 만년필 덕을 보고 시험은 끝이 났다.

자격증을 받고 보니 선무당은 되지 말라고 신신당부를 하던 새댁 강사님의 이야기가 이해가 된다. 겨우 100시간으로 상담사라니. 선무당이 맞다. 절대 아줌마 수다가 되어서는 안 된다. 한 사람의 인생이 달린 상담일 수도 있고 진로를 고민하는 상담일 수도 있을 터, 내가 그 사람들에게 어떤 이야기를 해줄 수 있을까 생각해 본다.

다시 시작한다. 진정한 상담사로 거듭나기 위해 책을 펼치고 강사님께 길을 묻는다. 난 선무당이 되지 않으려고 더 높은 길을 택했다. 더 긴 시간을 울고 웃으며 진정한 상담사가 되기 위해 도전장을 던졌다.

내 나이가 어때서……, 내가 하는 일에 포기란 없다. 후회도 없다. 도전만 있을 뿐이다. 성공을 기원하며 오늘도 학자들의 이름과 이론을 외우며 어떻게 접목할까 고민에 빠진다. (2015. 9.)

2부

남는 장사

남는 장사

아이의 두 눈엔 눈물이 그렁그렁하다.

어떤 말로도 위로가 안 될 것 같아서 슬쩍 자리를 피한다. 눈물이 흐르기 전 화제를 바꿔야겠는데 내 맘도 아이와 같아서 분위기 반전이 어렵다.

폭염주의보가 내려진 아침, 미리 겁먹고 옷장 앞에 서서 시원한 옷을 찾는다. '검은색 민소매 원피스를 입고 터키석 목걸이로 포인트를 주자. 터키석은 사랑과 행운을 상징한다니 오늘 하루도 기분 좋게 살 수 있을 거야.'

빨갛게 입술을 바르고 차에 오른다. 여름방학 캠프를 시작하는 날이다. 오전 오후 시간이 물샐 틈 없이 짜여 있어서 휴가는 꿈도 못 꾸고 학교로 간다.

교실에 들어서니 아이들이 반갑게 인사를 한다. 수업 시간까지는 아직도 많은 시간이 남았는데 준비를 끝내고 기다리는 저 아이들은 도대체 몇 시에 온 걸까. 지각 아닌 지각을 하고 아이들과 인사를 나눈다. 한 여학생이 쪼르르 앞으로 나온다. 목걸이를 보여 달란다. 만지작거리며 진짜냐, 비싼 거냐, 어디서 살 수 있느냐 하고 쉴 새 없이 질문하고 또 하더니 그 목걸이를 자기에게 주면 안 되겠냐고 한다. 아이들이 장난감처럼 가지고 놀 수 있는 물건이 아니라고 타이른다. 아이의 표정이 금세 달라진다.

귀엽고 똑똑한 아이다. 무작정 떼를 쓸 아이도 아니고 남의 물건을 탐내는 그런 아이는 더욱더 아니다. 생각지 못했던 아이의 행동에 잠시 당황했다. 아이는 고개를 숙이고 혼잣말처럼 중얼거린다. “우리 엄만 그런 거 한 번도 못 가져 봤어요. 가을엔 엄마 집으로 전학을 가야 하는데 그때 엄마에게 선물하면 아주 좋아하실 것 같아서 달라고 했어요. 엄마 선물 사려고 용돈도 많이 모았는데 어디서 뭘 사야 하는지 모르겠어요. 선생님 목걸이를 보니 엄마도 목걸이를 드리면 좋아할 것 같아서요.” 아이의 두 눈에 주먹만 한 눈물이 고여 있다. 나도 가슴이 먹먹하고 숨이 멎는 것 같다. 어떻게 하지. 아이에게 무슨 말을 해야 하나. 비겁하지만 슬그머니 자리를 피한다.

시골이 싫다고 엄만 오래전에 집을 나가고 아빠랑 할아버지 댁에서 살고 있단다. 여자아이라서 아빠보다는 엄마와 함께 지내는 것이 좋겠다는 생각을 하고 아빠가 내린 결론이란다. 늘 밝고 명랑한 아이라서 그런 아픔이 있는지 몰랐다. 어렸을 때 헤어진 엄마를 다시 만나 정붙이고 살 걱정을 아이는 하고 있다. 새로운 곳에서의 적응도 쉽지 않을 테지만 엄마와의 오랜 공백을 채울 준비를 아이는 차근차근히 하고 있다. 좀 더 가까이 엄마에게 더 큰 사랑을 받기 위해 모든 방법을 아이는 구상 중이다. 그 아이의 복잡한 마음을 읽고 나니 내 빨간 입술까지도 미안해진다.

집으로 돌아오는 내내 그 아이의 목소리가 귓전에 맴돌아 내 마음을 혼란스럽게 한다. 그 목걸이는 결혼 25주년 남편이 내게 준 선물이다. 아이의 눈빛은 간절하지만 줄 수가 없다.

다음 날 교실에 들어서니 텅 빈 그 아이의 자리가 제일 먼저 눈에 들어온다.

주인 없는 빈 의자는 더 커 보이고 교실은 썰렁하니 에어컨 바람이 유난히 차다. 수업 내내 불덩이 같은 운동장을 내다본다. 매미소리만 요란할 뿐 아이의 모습은 보이지 않는다. 마음이 불편하다. 시아버지 무릎에 앉은 것처럼. 끝내 그 아이는 학교에 오지 않았다. 나중에 알아보니 그 아이는 장염을 앓았다고 한다.

큰딸이 전화를 했다. 주말인데 산행은 잘 했냐는 안부 전화다. 큰 딸에게 이틀의 무거운 마음을 털어 놓는다. 전화기 저 너머 흐느끼는 소리가 들린다. 내 말이 다 끝나기도 전 딸아이는 울고 있다. 아이의 목소리가 떨린다.

"엄마, 그 아이가 엄마 딸이라고 생각해 봐. 복잡한 생각을 하는 초등학생 심정을 나는 이해를 할 것 같다 엄마. 내가 더 멋진 목걸이 사 줄게 아빠한테 얘기하고 그 아이 갖다 줘요. 목걸이 할 때마다 마음 아파하지 말고."

이제 겨우 나도 뭘 잘못 했는지 알 것 같다.

목걸이를 꺼내 예쁘게 포장을 하고 남편에게 사실을 고한다. 묵묵부답 어이없다는 표정이다. 주방으로 가고 있는 내 뒤통수에 텔레비전 소리를 크게 보낸다. 화가 난 모양이다. 따끈한 차 한 잔을 들고 다시 거실로 향한다. 아무 말도 안 하고 앉아 있는 모양새가 건드리면 안 될 것 같다. 포장한 목걸이를 문갑 위에 살짝 놓고 까치발로 흘끔흘끔 뒤돌아 보며 서재로 도망간다.

하루 이틀 또 하루가 지나도록 목걸이는 그 자리에 있다. 오늘은 꼭 가져가야지. 아침밥을 준비하는 내내 남편을 감동시킬 한 마디를 생각하지만 좋은 말은커녕 화를 내면 어쩌나 걱정 뿐이다. 식탁에 앉아 다 죽어가는 모깃소리로 운을 뗀다. 목걸이를 주는 것이 아니라 우리의 행복을 나눠주는 것이다. 행복은 나누면 배가 된다는데 남는 장사가 아니냐고 아양을 떤다. 당신이 목걸이를 내게 건넬 때 난 이미 짜릿한 행복을 맛 봤다. 아깝긴 하지만 또 다른 부부의 은혼식을 위함이니 목걸이는 없는 셈 치고 아이의 간절한 마음만 기억하자. 행복을 나눠주자는 의견에 둘은 힘들게 의견을 모았다.

그 아이의 부모가 결혼 25주년 되는 날 아내는, 엄마는…….

지금 내 목걸이보다 훨씬 값지고 귀한 보석이 많이 달린 예쁜 목걸이를 아이의 아빠로부터 선물 받았으면 좋겠다. 그보다 가정을 이루고 가족이 함께 아이가 슬프지 않게, 아이의 웃음소리를 들으며 행복하게 살기를 기대하는 맘이 더 크다.

이미 목걸이의 주인은 내가 아니다. 이런 내 맘이 그들에게 꼭 전달되리라 믿는다. 사랑과 행운의 상징인 내 목걸이가 그들 부부를 이어주는 든든한 다리가 되길 빌어본다. 두 눈에 눈물이 그렁그렁하던 아이의 모습은 지금도 내 눈에 선하다.

지옥과 천당을 드나들던 내 맘처럼 폭우와 폭염 속에 갈등하던 여름은 그렇게 목걸이 하나를 들고 멀리 달아나 버렸다.

- (『수필문학』 2011. 9월호)

빼앗긴 명함

행사 시작 10분 전이다.

낯선 남자가 나를 급하게 찾는다는 전갈이 왔다. 마이크가 준비된 사회자 자리에서 곧 시작될 행사를 위해 마지막 점검을 하고 있던 중이다. 행사에 빠진 것이 있나 아니면 전할 말이라도 있는 걸까 나를 급히 찾는 이유가 뭔지 궁금하다.

그 남자는 내가 서 있는 자리로 성큼성큼 걸어온다. 훤칠한 키에 뿔테안경을 쓴, 처음 보는 낯선 남자다. 많은 사람이 참석한 행사이니 내가 모르는 사람도 있을 터, 얼마나 급한 일이기에 이 시간에 나를 찾아 앞으로 나올까. 내 생각과는 달리 별일 아닌 듯 평범하게 인사를 하고 내 손에 명함 한 장을 쥐여주고 뒷자리로 사라진다.

잠시 후, 행사는 시작되고 식순에 따라 순조롭게 진행이 된다. 2부 문학

강좌 시간이다. 한 시간 반 동안 만해 한용운 선생을 만난다. 그분의 문학세계로 빠져든다. 곳곳에서 웅성대던 소리는 사라지고 행사장은 공포를 느낄 만큼 조용해진다. 장엄하고 아름다운 침묵이 흐른다. 상상력과 감성을 깨우는 만해 한용운 선생의 작품세계를 뒤로하고 모든 행사는 끝이 난다.

자리에서 일어난 150여 문인들은 그동안의 안부를 묻고 반가움에 손을 잡으며 이야기꽃을 피운다. 훈훈한 장면을 보고 있노라니 문득 '동인(同人)'이라는 말이 떠오른다. '그래, 동인이다.' 혼자 중얼거린다.

뒤풀이를 위해 장소를 옮긴다. 삼삼오오 짝을 지어 행사장을 빠져나간다. 썰렁한 행사장의 뒷정리를 하느라 정신이 없는데 아까 그 남자가 급히 뛰어 들어와 나를 찾는다. 숨을 헐떡이며 하는 말,

"아까 내가 준 명함 있지요? 그거 다시 돌려주세요."

어안이 벙벙하여 되묻는다. 그는 똑같은 소리를 토씨 하나 안 틀리고 한다.

한마디 덧붙인다. '그 명함이 마지막 남은 한 장이었다. 다음에 꼭 다시 주겠다.'라고.

마지막 한 장? 그 사람의 허점이 보인다.

"아, 됐습니다. 다음은 무슨……, 안 줘도 됩니다."

한 치의 망설임도 없이 돌려줬다.

명함은 처음 만난 사람에게 자신의 신상을 알리기 위해 건네주는 작은 종이쪽이다. 그 작은 종이쪽에는 이름 주소 직업 신분 등등 자신을 나타내는 모든 것들이 적혀있으니 자신의 얼굴이라고 해도 과언은 아니다. 이런 명함을 줬다 뺐었다 애들 장난도 아니고 뭐 하자는 건지 기분이 몹시 나쁘다.

얼마나 대단한 사람에게 건네려고 줬던 걸 빼앗아 가는 걸까. 그 사람에게 꼭 줘야 하는 이유는 있겠지만 그래도 이런 경우 없는 행동은 이해할 수가 없다. 더구나 명함에는 꽤 유명한 단체를 맡은 대표인데 경거망동이 용서가 안 된다. 내가 달라고 한 것도 아니고 찾아와서 주고 간 명함을 다른 사람 주겠다고 내놓으라니 싸구려 명함 한 장에 멋진 행사를 다 망친 기분이다. 관심도 없는 작은 종이쪽에 뒤통수 제대로 맞았다.

역지사지易地思之, 차 한 잔을 손에 들고 생각해 본다.

아무리 생각해도 줬던 명함을 다시 뺏는 행동을 나는 못한다. 명함이 없으면 없는 대로 인사하는 방법이 있을 것이다. 다음에 준다 한들 어떻고 통성명만 한다고 큰일이 나는 것도 아니다. 나를 얼마나 우습게 봤으면 그런 행동을 했을까 생각할수록 화가 난다. 역지사지(易地思之)는 접어두고 뭐 밟았다고 치부하고 잊기로 했다.

그 일이 있은 후, 학교에서 아이들과 「30년 후의 나의 모습」이라는 주제로 명함 만들기를 하였다. 30년 후 나는 어떤 모습으로 살아갈까, 어떤 일에 종사하고 있을까, 자신의 미래를 깊이 생각해 보고 없던 장래희망도 찾는 시간을 가졌다. 아이들은 진지했다. 생전 처음 접해 보는 주제에 호기심도 자신감도 재미와 감동도 있었다.

만든 명함은 집으로 가져가서 책상 앞에 붙여 놓고 학교에 올 때 한 번 잠들기 전에 한 번 보라고 했다. 아이들에게 부담을 주는 건 아닐까 걱정했지만 아이들은 명함에 적힌 대로 자기의 장래희망을 꼭 이루겠다고 웃음으로 대답했다. 빼앗긴 명함 한 장 덕분에 많은 아이들에게 꿈을 찾아줬다. 해

맑은 그들의 눈동자에서 웃고 있는 내 모습을 보았다. 이렇게 사는 거구나 둥글둥글….

그 아이들의 큰 꿈을 응원한다. 그 꿈을 빼앗기지 않으려고 아이들은 노력 할 것이다. 30년 후 멋진 명함을 들고 나를 찾아 올 그 날을 상상한다.

'그땐 절대 빼앗기지 않을 거야.' 혼잣말에 미소를 짓는다.

(2015. 8. 31.)

보따리

저녁 밥상이 차려졌다.

한국의 시금치와 비슷하게 생긴 자우무웅으로 국을 끓이고 남은 것은 데쳐서 맛소금으로 무쳐낸다. 긴 콩깍지 라우덴을 볶아서 접시에 담고 여주는 쓴맛을 뺀 후 초고추장에 살짝 버무린다. 오이, 호박 등 싱싱한 베트남 채소로 차린 밥상 앞에 앉아 한여름의 더위를 식힌다. 여기는 베트남이 아닌 우리 집이다.

복지관에서 만난 결혼이민자 예쁜 신부들이 이젠 모두 다 아기엄마가 되었다. 그중에는 다둥이 엄마들도 많다. 한국 사람보다 더 한국 사람이 되고 싶어 하는 애국자들이다. 난 그녀들과 일주일에 한 번 만나서 차를 마시며 수다를 떨고 한글을 가르치고 배우며 한국에서 엄마로 사는 방법을 함께 알아간다. 말은 서툴러 입이 무거워도 마음은 따뜻한 초보 한국인들이다.

언어도 문화도 음식조차 다른 나라에서 살아야 하는 그녀들의 고충은 우리가 상상하는 그 이상이다. 모계사회인 베트남에서 자란 어린 신부는 가부장적인 남편을 만나 적응하고 살기까지의 힘들었던 시간을 쉼 없이 쏟아 놓는다. 옆에서 거드는 시어머니도 그녀에겐 넘지 못할 커다란 벽이었단다. 정말 참기 힘든 것은 가족들이 감시하듯 바라보는 눈길이란다. 이제는 쑥쑥 크는 아이를 보며 웃으면서 말하지만 지난 시간은 악몽과도 같았다는 이야기들이다.

그녀들의 이야기를 듣는 동안 난 그들의 남편과 시어머니가 되어준다. 어떤 때는 사과도 하고 어떤 대목에서는 농담도 한다. 가끔은 화도 내며 '나도 외국인 주부랑 맞춰가며 사는 것 다른 사람들보다 몇 배 힘들다.' 고 투정도 해 본다. 이렇게 수다가 이어지는 동안 강의실은 웃음바다가 된다. 그들도 나도 하나 됨을 느끼며 끈끈한 정을 차곡차곡 쌓아간다.

그녀들의 한국생활을 가만히 들여다보면 재미있는 일들이 참 많다. 누구든 마찬가지겠지만 그들도 고향의 맛을 잊지 못하고 어머니의 손맛을 그리워한다. 베트남과 기후가 비슷한 때에 맞춰 그곳 채소를 우리 땅에 파종한다. 채소가 자라면 서로 나눠 먹으며 바다 건너 두고 온 고향 이야기를 한다. 그들이 다 모일 수 있는 날은 다문화가족 결혼이민자 한글 수업이 있는 날이다. 어린아이는 등에 업고 한 손엔 책가방 또 한 손에는 집에서 키운 베트남 채소보따리가 들려 있다. 각사 집에서 채소를 가져와 필요한 만큼 서로 바꿔간다. 종류도 다양하다. 그들의 부지런함 덕분에 우리 집 식탁에도 종종 베트남 요리가 등장한다. 진한 향도 톡 쏘는 맛도 이젠 익숙하다. 그들을 만나면 여기가 베트남인지 한국인지 헷갈리기도 하지만 수업에 임하는 자세는 일등 엄마 일등 학생들이다. 사각사각 글씨 쓰는 소리가 강의실을 채울 땐 지나가던 햇살도 숨을 죽이고 살포시 쉬어간다.

그들은 걱정한다. 자녀들의 교육과 사회의 편견을 두려워한다. 내 아이가 자라면 자랄수록 걱정이 커진다고 조심스레 이야기한다.

조금 다른 생김새와 조금 다른 피부색. 엄마의 나라가 나와 다르다는 것에 대해 자기도 모르게 뒤로 숨게 된다는 아이의 말을 듣고 어떤 대답을 해 줘야 할지 몰라 가슴을 치던, 그날의 기억이 떠오를 때면 지금도 눈물이 핑 돈다는 결혼 12년 차 필리핀 주부. 그 여인의 걱정은 사춘기 자녀 교육법이란다.

그들에게 말한다.

지구촌이다. 어릴 때부터 어머니 나라의 언어와 문화에 노출시켜 어머니에 대한 긍정적 태도를 갖도록 하고, 또 다른 나라에 사촌들이 살고 있다는 이야기를 하자. 더 큰 가능성과 다문화가정의 장점을 부각시키고 아이들의 자존감을 높여 주자고 말한다.

수년째 초등학교 방과 후 수업을 다니고 있다. 학교에는 다문화가정의 아이들에 대한 프로그램이 유난히 많다. 일반 학생들과 구분되는 프로그램이 많을수록 다문화 가정의 학생들은 일반 학생들과 어울릴 기회가 없다. 저절로 왕따가 되는 경우다. 다문화가정의 학생들을 위한 배려가 아니라 편 가르기 식의 교육을 학교에서는 하고 있다. 일반 학생들과 구분 짓지 말고 똑같이 모든 활동에 참여할 수 있도록 하면 더 좋겠다는 생각을 자주한다. 그녀들의 걱정도 이런 것이 아닐까.

그들은 오늘도 보따리 하나씩 들고 강의실에 들어온다. 보따리 속에는 어떤 것들이 있을까 제일 궁금해 하는 사람은 바로 '나'다. 처음 보는 베트남 채소가 신기하고 나누는 일 또한 재미있다. 무엇보다 보따리에 함께 싸온 걱정을 채소 나누 듯 나누고 털어버리고 가벼운 마음으로 돌아가길 간절히 바랄 뿐이다.

저 해맑은 주부들의 얼굴이 다시는 구겨지지 않도록 하자. 근심과 걱정보따리 내려놓고 사회의 편견에서 자유로워질 수 있도록 그들의 삶을 힘껏 응원해 주자.

그들의 보따리에는 진한 향기가 있다. (2014. 9.)

붙인개

'이 바테 상추 뽀바간 연 시커언 머꼬 디저라. 해마다 뽀바간 도둥연'

대문 밖 손바닥만 한 텃밭에 어머니는 해마다 상추씨를 뿌리고 아침저녁으로 정성을 다해 키운다. 눈만 뜨면 제일 먼저 하는 일이 서너 평 남짓한 텃밭에 안간힘을 다해 자라고 있는 채소를 돌보는 것이다. 물동이로 물을 나르고 풀을 뽑고 고추 대궁에 지지대를 세우고 밭두렁도 깔끔하게 눈썹 가꾸듯 하셨다.

내일쯤엔 상추를 먹을 수 있겠구나 기대하며 물동이를 들고 대문에 들어서는 어머니는 부자가 안 부러운 표정을 하신다. 다음 날 일찍 일어나신 어머니는 똑같이 대문을 열고 텃밭으로 나간다. 일그러진 표정으로 곱돌아 들어오며 허공에 대고 화를 낸다. 몇 해를 며칠을 억울하게 상추 도둑을 맞은 어머니는 궁리 끝에 널빤지를 찾아 조각난 크레파스로 글씨를 쓴다.

'이 바테 상추 뽀바간 연 시커언 머꼬 디저라. 해마다 뽀바간 도둥연'

그렇게 삐뚤삐뚤한 글씨로 써서 세워둔 푯말 때문인지 다시는 어머니의 밭에 손을 대는 사람이 없었단다. 이 이야기는 성인문해 학교 학습자님의 이야기다. 어머니는 힘들게 쓴 글을 상추를 뽑아간 사람은 쉽게 읽고 이해를 한 모양이다.

얼마 전 인터넷 검색을 하던 중 재미있는 글 하나를 읽었다. 시골에 사는 어머니가 서울에서 직장생활을 하는 아들에게 먹을 것을 챙겨서 보낸 택배상자, 그 속을 자세히 설명한 글이다. 들기름, 참기름, 갓짐치, 배추김치, 맨두, 붙인개……. 봉지마다 이름표를 달고 상자 속에 얌전히 앉았더란다. 다른 건 다 알겠는데 붙인개는 뭐지 비닐봉지를 열어보니 녹두전이 나란히 있었단다. 아들은 어머니 이야기를 SNS에 올렸고 그 글은 메인화면에 떠서 많은 사람이 읽고 공감의 댓글을 단 것을 보았다.

엄마니까, 우리 어머니니까 그렇게 써도 용서가 되고 자랑도 할 수 있다. 그 아들은 국어 선생님이다. 한글에서 맞춤법을 생명처럼 여기는 국어 선생님이 전혀 알 수 없는 낱말 '붙인개'를 쓴 엄마를 자랑삼아 이야기했다. 왜 그랬을까?

우리 어머니 세대는 비문해자들이 많다. 유교 문화의 남존여비사상, 남녀 불평등의 사회에 살던 어머니들이 공부한다는 것은 쉬운 일이 아니었기에 더욱 그렇다. 남수여종, 삼종지도, 여필종부 등의 용어가 사회적으로 통용되면서 '암탉이 울면 집안이 망한다.', '여자는 재능이 없는 것이 덕이다.', '여자는 밖으로 내돌리면 안 된다.'라는 말로 여자들의 사회활동을 금지했으니 공부란 감히 생각도 못 했을 것이다.

실로, 성인 문해 학교에 가 보면 학습자 중에 남자분들은 없고 허리 굽고 손가락 굳은 어머니들뿐이다. 그것만 봐도 어머니들이 여자로 어떤 대우를 받고 살았는지 짐작하고도 남는다. 그분들이 평생을 비문해자로 살면서 답답했던 심정을 토로할 땐 주먹으로 가슴을 치기도 하고 눈가엔 방울방울 눈물이 맺히기도 한다. 못 배운 것이 한이 된 그분들의 이야기를 듣고 있는 나도 숨이 막힐 지경이다.

상추를 '뽀바간' 사람이나 '뽑아간' 사람이나 내용은 같다. 다만, 쓰는 사람은 편하지만 맞춤법에 길들여진 일부 사람들은 읽는 것이 어렵고 불편할 수 있다. 알면 알수록 어려운 맞춤법을 공부하는 이유다.

최근 한 통계를 보니 여대생 10명 중 9명은 남자친구가 보낸 문자에 맞춤법이 틀린 것을 보면 호감도가 뚝 떨어진다고 답했고, 남학생 10명 중 8명도 같은 답을 했다고 한다. 줄임말, 정체불명의 인터넷 용어들이 젊은이들 사이에 유행하고 있어서 한글의 뿌리가 흔들리면 어쩌나 걱정했는데 통계 결과를 보니 걱정은 걱정일 뿐, 다행이라고 생각했다.

매년 9월 8일은 '문해의 날'이다. 1965년 유네스코가 문맹퇴치의 중요성을 일깨우기 위해 제정한 기념일이다. 우리 정부에서도 비문해자를 위해 많은 정책을 내 놓고 예산을 확보하고 있다. 문맹퇴치를 위한 문해교사 양성과정도 지자체마다 시행 중이다. 못 배운 한을 풀고 글을 몰라 평생을 설움받고 살아온 어머니 학생들, 그분들의 어눌한 발음이지만 글 읽는 소리와 삐뚤삐뚤한 글씨를 보며 희망을 갖는다. 시작이 반이 아닌 희망임을 그들은 알고 있다.

'붙인개'면 어떻고 '뽀바간 연'이면 어떠랴. 어머니기에 용서가 되고 그나마 소통의 도구로 글자를 활용할 수 있으니 그 보다 더 좋은 일은 없을 터.

날마다 일기를 쓰며 상추쌈 먹은 날을 기억하는 어머니들의 용기와 높은 자존감에 큰 박수를 보낸다. (2018. 8.)

딱딱한 연시

아들이 데리러 오면 따라간다고 신발을 옆구리에 끼고 사는 여인이 있다. 뽀얗게 분칠을 하고 빨간 입술로 화장을 끝내면 어제 입었던 옷도 새 옷처럼 챙겨 입는다. 분홍 보자기에 베고 자던 베개를 옷이라며 싸서 두 팔로 감싸 안고 신발을 손에 든다. 신발과 베개를 안고 처마 끝에 앉아 큰아들 며느리를 기다리며 하루를 보내는 어린애 같은 할머니. 십 분 전의 일을 잊고 늘 새로운 맘으로 시작만을 꿈꾸는 여인이다. 어제도 오지 않았던 아들을 한 치의 원망도 없이 또 기다리는 살짝 치매를 앓고 있는 귀여운 분이다. 그분들을 만나러 난 한 달에 두 번 요양원으로 봉사활동을 간다.

지난번에 갔을 때 누워만 계시던 할머니가 안 보여서 안부를 물었다.

한 할머니가 먼저 대답한다.

"아… 강릉 할머니? 아들이 데리고 갔어."

"아니야, 집으로 갔데."

"집이 아니고 강릉으로 갔다던데?"

"아니야, 돌아가셨어."

"아니야, 돌아가신 게 아니라 죽었대."

각기 다른 소리에 웃을 수도 울 수도 없는 상황이 바로 눈앞에서 벌어지는데……. 그분들은 허리 꼿꼿한 90대 할머니들이다.

늙으면 애 된다더니 말을 배우는 어린아이처럼 한 마디 한 마디 조심스레 하는 말이, 그들이 하는 대화가 텅 빈 운동장처럼 쓸쓸하고 가을 찬바람처럼 가슴을 시리게 한다.

'A 노인 요양원'에 봉사를 다녀온 날이다. 한 달에 두 번 방문하여 NIE, 신문을 활용한 수업을 한다. 신문에서 글씨를 찾고 사진과 그림을 오려서 스케치북에 또 다른 그림을 만든다. 그분들이 할 수 있는 것은 그림을 오리고 붙이고 사진을 보며 이야기하고, 글자나 숫자를 찾는 일이 고작이지만 오랜만에 가위질하고 풀칠을 하며 굳은 손으로 색연필을 잡고 그림도 그린다.

어린 시절은 어렵게 살았고 몸이 부서지도록 일을 하며 자식들 뒷바라지에 당신의 몸이 늙는지 병이 들었는지도 모르고 속옷까지 다 내주며 살아온 우리의 어머니들. 세월이 지나 평생 배우지 못 한 것을 탓하며 스스로 할 수 있는 일을 찾지 못 해 늘 지루한 삶을 살아오신 분들이다.

그분들께 새로운 프로그램은 호기심이다. 잠자는 뇌를 깨울 수 있는 활력소임을 알았다. '세상과 담쌓고 벽치고 살 줄 만 알았지 이렇게 신나는 공부를 할 줄 몰랐다.'는 한 할머니의 말씀이 내게 큰 용기를 준다. 보름은 너무 멀다 좀 자주 오면 안 되겠냐는 말에 선뜻 대답을 못 하고 돌아서며 다짐한다. 새로운 프로그램을 더 많이 개발하여 즐겁고 신나는, 어르신들의 정신과 마음이 맑아지는 멋진 수업을 하리라.

그들은 예쁜 그림만 보면 오려서 보관하고 다음 수업을 손꼽아 기다린다고 원장님은 말한다. 처음 시간엔 엄두도 못 내고 앉아만 계시던 분들인데 이제는 즐긴다. 오늘도 잘했다. 예쁘고 멋있는 기차를 잘도 꾸몄다. 기차를 타고 함께 여행하고 싶은 사람들은 가족이었다. 그림을 보며 그분들의 마음을 읽는다. 잘생긴 손자와 함께 단풍놀이 가는 그림이라고 설명을 하는 할머니의 얼굴에는 쓸쓸한 미소가 비를 머금은 구름처럼 덮여 있다.

누군가의 손길이 꼭 필요한 분들이지만 현실과 이론은 같지 않으니 안타깝다. 봉사자들의 손길만 기다리며 살기에는 남은 생이 너무 짧고 곁에서 부모처럼 돌봐 드리지 못 함이 봉사자들의 마음을 아프게 한다. 정해진 시간에 공식처럼 찾아다니며 봉사라고 이름을 붙이니 새삼 부끄럽다.

"집에 가서 먹어. 달고 맛있어."

잘 익은 연시 하나를 휴지에 돌돌 말아서 내 손에 쥐여 준다. 간식으로 나온 연시를 안 드시고 나를 주려고 휴지에 싸서 보관하고 계시던 할머니의 정성에서 이미 돌아가신 친정엄마를 본다. 촉촉한 눈빛, 떨리는 목소리, 다독이는 손길……. 차가 안 보일 때까지 손을 흔들고 서 있는 모습은 영락없는 친정엄마의 모습이다.

오늘도 마음은 무겁다. 잡았던 손이 식기도 전 벌써 그분들이 보고 싶다.

연시를 먹기도 전 할머니의 안부가 궁금하다. 2주 후에는 연시를 한 바구니 들고 가야겠다. 할머니의 마음처럼 오래 두어도 변하지 않을 딱딱한 연시로…….

(2013. 12. 19.)

필수품

봄부터 한글 공부를 시작한 70대 후반의 학습자 한 분이 까만 비닐봉지를 내 앞에 불쑥 내민다. 어르신 표정이 어둡고 핏기 없는 낯빛에 말하기조차 힘들어하며 교실로 들어선다. 무슨 일이 있긴 있는 모양이다. 얼른 비닐봉지를 열어 보았다. 그 안에는 모양도 색깔도 약국 이름도 다 다른 약들이 들어 있다. 따뜻한 물 한 잔을 마시고 진정한 후 천천히 이야기를 시작한다.

글씨를 몰라서 자고 일어나 빈 속에 먹는 약은 침대 머리맡에, 아침 먹고 먹는 약은 식탁 위에, 점심 먹고 먹는 약은 TV 앞에, 저녁에 먹는 약은 소파 옆에, 잠자기 전에 먹는 약은 안방 화장대에, 집안에서 이동거리 행동반경을 고려해 나름 잘 배치를 해 두고 어김없이 먹었는데…….

어느 봄날 호랑이 같은 며느리가 대청소를 해 준다고 집에 왔단다. 창문을 열고 먼지를 털어내고 이불을 내다 널고 커튼도 걷어서 빨고 그야말로 봄맞이

대청소를 야무지게 하고, 어머니를 향해 한마디 날린다.

"어머니! 왜 약봉지를 온 사방 두고 잡수세요. 한군데 모아두면 드시기도 좋고 보기도 좋고 깔끔한데 구석구석 약봉지를 두셨어요." 하며 바구니 하나에 다 모아서 식탁 위에 얌전히 올려둔다. 그리고는 물어볼 새도, 말할 새도 없이 며느리는 휼쩍 나갔다는 것이다.

자식들 뒷바라지에 고생고생하며 얻은 것은 병든 몸뿐이다. 당뇨, 혈압, 관절, 골다공증, 위장약까지 나이 들어 안 아픈 곳이 없는 어르신은 약으로 산다고 해도 틀린 말이 아니다. 뒤죽박죽된 약을 찾아 먹을 수가 없어서 궁리 끝에 내게로 가져왔단다.

잘하셨다고 위로하고 함께 약봉지를 정리한다. 아침에 먹는 약은 검은색으로 동그라미를 그려주고, 점심에 먹는 약은 파란색으로 세모를 그려주고, 저녁에 먹는 약은 빨간색으로 가위표를, 잠자기 전에 먹는 약은 노란색으로 별을 그려줬다. 때맞춰 먹을 수 있도록 표시를 해 주고 있던 자리에 그대로 놓고 드시라 했다. 며느리가 또 오면 약은 못 건드리게 하고 얼른 글씨를 배워서 다시는 이런 일이 없도록 하자고 약속을 했다. 짠한 마음을 안고 헤어졌으나 약은 제대로 드시는지 걱정이 되었다. 그 후 그 어르신은 항상 웃는 얼굴로 약 먹고 왔다는 인사부터 하고 수업을 시작한다.

고령의 어르신들이 혼자 사는 방법은 정말 상상을 초월한다. 그런 가구가 늘어날수록 가슴 아픈 사연도 많다. 한 학습자는 밤에 속이 쓰려서 잠을 못 잘 정도였는데 가만 생각하니 딸아이가 쓰던 책상서랍에서 늘 먹던 갤○○를 본 것 같았다. 불도 없는 캄캄한 딸의 방으로 들어가 책상서랍을 열고,

손으로 만져보니 물렁한 것이 그것 같다는 생각에 하나를 들고 나왔다. 그 학습자가 들고 나온 것은 갤ㅇㅇ가 아니라 린스였다. 그것도 아주 오래 된……. 속이 아파 먹었는데 응급실로 실려가 더한 고생을 하고 왔단다.

농촌에 사는 어머니들은 약값을 벌려고 35도가 넘는 날씨에도 땡볕에서 밭일을 하신다. 땡볕에서 밭일 안 하면 안 아플 텐데 하는 것은 내 생각이고 그분들은 호미 들고 밭으로 나가는 것이 맘이 편하다 하신다. 여름 내내 밭일을 하고 추수가 끝난 늦가을부터 겨우내 앓는다. 약으로 연명을 하니 그 약값을 벌기 위해 여름에 일을 해야 한다는 논리다. 뭐가 맞는지 얼른 이해가 되지 않는다.

이렇게 약은 우리 생활에 없어서는 안 되는 현대인들의 필수품이다. 잘 먹으면 보약이고 잘못 먹으면 독이 되기도 하지만 곁에 두고 있어야 맘이 놓이는 것 또한 약이다. 끼마다 한 줌씩 먹는 사람이 있는가 하면 나처럼 감기에 걸려도 약 한 알 안 먹고 버티는 사람도 있다. 간호사 친구는 말한다. 미련스럽게 버티는 것보다는 약을 먹고 빨리 낫는 편이 건강에도 좋다고 한다. 하지만 우리 몸은 스스로 치유하는 능력이 있다고 믿기 때문인지 약으로 내 몸을 다스린다는 것이 나는 싫었다. 지금도 나는 감기약 때신 파 뿌리를 삶아 먹는다.

출가한 딸이 남매를 데리고 친정에 다니러 왔다. 두 살 된 손자가 수족구와 감기를 앓고 있었다. 그 녀석에게 약을 먹이려면 온 식구가 다 약병에 주스를 넣어서 빨고 있어야 했다. 할아버지, 할머니, 엄마, 누나가 약을 맛있게 먹는 걸 본 녀석은 그제서야 약병을 입에 문다. 그 아이를 보며 이 세상에 그 어떤 약도 존재하지 않는다면 어떨까 잠시 생각해 보았다. 무서웠다.

며느리의 호령에 뒤엉켰던 비닐봉지 속의 약도, 책상서랍에 갤○○ 같은 린스도, 온 가족에게 속아서 먹던 주스 아닌 주스 같은 약도 고통을 줄이고 건강을 지키기 위해서라면 먹을 수밖에 없겠지만 안 먹어도 먹은 것처럼 건강한 삶이라면 얼마나 좋을까. 약값을 벌기 위해 땡볕에서 김매기를 한다는 그분들의 논리에 나는 아무 말도 할 수가 없었다.

- (『수필문학』 2018. 10월호)

바다를 건너 온 우렁각시

전화기를 통해 들려오는 그녀의 목소리는 힘이 없다.

흐느끼는 소리와 간간이 내뱉는 한숨소리가 내 마음을 무겁게 한다. 무슨 일이 생겼을까 천천히 말을 하라 이르지만 알아들을 수가 없다.

답답하다. 캄캄한 밤중에 달려가기에는 먼 거리이고 불쑥 찾아간다는 것 또한 쉬운 일은 아니다. 아침까지 기다려야 한다.

태국에서 온 그녀를 처음 만난 것은 2년 전이다. 외국인 주부 양모 맺어주기 행사에서 그녀는 나의 딸이 되었다. 어색하고 낯선 사이지만 그녀는 나를 만나면 반가워했고 어머니라는 말도 곧잘 했다. 살갑게 구는 그녀 덕분에 우리 둘은 쉽게 친해질 수 있었다.

국제결혼 상담소는 그녀에게, 남편 될 사람이 노모와 함께 전원생활을 즐기며 사는 부농의 지주라고 소개를 했다. 신혼의 단꿈을 안고 생면부지의 농촌 총각을 따라 이곳에 들어온 지도 5년이나 되었다.

알고 보니 그녀의 남편은 알코올 중독자에 가난한 농사꾼이었다. 노모의 원을 풀어 드리려고 국제결혼을 결심했던 남편은 나고 자란 환경이 다른 그녀에게 불편함을 느끼기 시작했다. 농사일과 가사는 뒷전이고 날마다 외상술에 집에 들어오면 말도 안 통하는 그녀에게 온갖 욕설과 손찌검으로 술이 깰 때까지 행패를 부렸다. 나를 처음 만나던 날도 그녀는 얼굴이 퉁퉁 부어 있었다. 남편에게 그런 대우를 받아도 하소연할 곳도 없고, 할 줄도 모르고 미련하게 당할 수밖에 없었던 그녀에게 '양모'란 한 줄기 빛이었다.

그녀와 나는 가끔 외국인 주부를 대상으로 하는 행사에 참석한다. 농사일에 묻혀 사는 그녀를 잠시라도 벗어나게 해 주고 싶어서다. 작년 가을 한국 전통요리와 명절 음식 만들기를 하는 행사에 그녀와 함께 갔다. 행사장에 들어서니 피부색도, 생김생김도 비슷한, 낯선 사람들이 많이 모여 있었다. 그들 대부분은 결혼이민자들이었다. 그들은 서로 얼싸안고 어루만지며 얼굴을 비비고, 자국의 말로 안부를 묻고 위로를 하며 눈물까지 글썽였다. 무슨 말인지 알아들을 수는 없었지만 그들의 표정과 행동을 보노라니 나도 코끝이 찡 해왔다. 맺힌 것이 많으리라. 아무것도 모르고 농촌 총각과 결혼해서 겪은 고생을 우리는 알 리가 없다. 동병상련. 그들만의 대화가 나를 슬프게 했다.

그들과 어울러 요리를 배우는 그녀의 얼굴엔 화색이 돌았다. 그렇게 밝은 표정과 환하게 웃는 모습은 처음 보았다. 참으로 아름답고 고운 여자였다. 순간 온갖 행패를 일삼는 남편으로부터 그녀를 빼앗아 오고 싶다는 생각을 했다. 저토록 편안한 그녀의 얼굴은 본 적이 없었다.

그들은 한국의 농촌문화를 익히려고 노력하는 외국인 주부들이다. 한국인 남편과 살면서 불편함이 없도록 자신을 갈고닦으며 한국인인 우리보다 더 많은 것을 배우려고 애를 쓰는 사람들이다. 언어, 생활풍습, 육아, 의, 식, 주. 어느 것 하나 쉬운 것이 없겠지만 한국의 농촌을 배우며 말없이 살아가는 그들은 더 이상 외국인이 아니다. 그들은 한국의 농촌 사람들이다.

그녀가 얼마 되지 않는 밭뙈기를 붙이며 힘겹게 사는 동안 아이도 생겼다. 동그란 눈에 까만 눈동자를 가진 그 아이는 그녀를 쏙 빼닮았다. 불평 한마디 없이 묵묵히 일만 하는 그녀와 자라는 아이를 보며 남편도 서서히 달라졌다. 텃밭도 묵히던 그녀의 남편은 언덕배기 버려진 밭에 감자를 심고 휴경지를 얻어 배추를 갈고 고추를 심으며 농사일에 애착을 뒀다. 땀에 절어 땟국이 흐르는 적삼을 입고도 미소를 잃지 않는 그녀는 아이의 엄마이고 가난한 농부의 행복한 아내였다. 태국에 계시는 친정 부모를 생각하면 이 정도 고생은 참아야 한다는 굳은 결심이 그녀를 미소 짓게 하는가 보다.

그녀는 서툰 글씨로 가끔은 자국의 글자를 섞어서 농사 일기를 쓰고 있다. 영농에 많은 도움이 된다며 일기장을 들고 내게 자랑한다.

"어머니! 5월 12일에 고추 심으러 오세요. 작년보다 며칠 빠르네요. 오실 때 시어머니 드실 막걸리 한 통 사다 주세요."

며칠 전 그녀는 내게 전화로 부탁을 했다. 고추 모를 심어 달라며 심부름까지 시키는 그녀가 밉지 않다. 그녀의 농사일을 거들며 진정한 엄마가 되어 보자고 다짐을 한다. 내 친정어머니로부터 받은 사랑을 그녀에게 아낌없이 줄 수 있는 마음 따뜻한 엄마가 되려고 오늘도 나는 수첩에 적는다. '5월 12일 고추 모종 내 심는 날. 돼지고기 삼만 원, 막걸리 한 통, 소주 한 병, 아이 과자, 음료수, 참외 몇 개.' 그날을 기다린다.

5월 12일 이른 아침. 그녀는 울면서 내게 또 전화를 했다. 고추 모를 심는 날인데 어젯밤 남편이 만취된 몸으로 들어와 고추 모를 모두 엎어 버렸다는 것이다. '아! 어젯밤 전화로 울먹이더니 그런 일이 있었구나!

한동안 재밌게 잘 살았는데 왜 그랬을까. 끝도 안 보이는 가난과 농업의 위기를 알리는 한·미 FTA. 희망이 없다는 남편의 푸념에 하늘이 무너지는 무서움을 느꼈다며 그녀는 오늘도 말을 잇지 못한다.

'농업의 위기를 알리는 한·미 FTA' 그녀의 남편이 이해가 된다. 농민들이 "쌀은 꼭 지키겠다."라는 정부의 발표를 바보같이 믿고 있는 동안, 곧 다른 농산물들이 밀고 들어오기 시작할 것이다. 농민들은 이러한 사실을 비관하여 형제처럼 지내던 이웃에게 "죽어버리자."며 총을 겨누기도 했다. 열심히 살고 있는 농민들의 목소리에 귀를 틀어막고 죽음까지 겪게 한 FTA. 농민들에게 꼭 필요한 것은, 평생을 일구어 놓은 농토를 없애고 미국산 쇠고기나 실컷 먹을 수 있는 폐업 지원금이 아니라 열심히 살고 싶은 의지, 성공할 수 있으리라는 희망이다. 일에 대한 의지마저 빼앗아 간 FTA. 싱싱한 배추 밭을 갈아엎는 아픔도, 중국산에 밀려 값이 폭락한 황기를 안고 잠을 설치던 그 시절도 잘 참고 이겨냈지만 이젠 더 이상 희망이 없다며 우는 그녀가 안쓰러웠다.

12일은 정선 장날이다. 장터에 나가니 고추 모를 파는 곳이 많았다. 300

여 평에 심을 만큼의 양을 그녀 집으로 배달해 달라는 내 부탁을 아저씨는 흔쾌히 들어 주었다. 아저씨와 함께 싣고 간 고추 모를 안고 좋아 어쩔 줄 모르는 그녀를 보니, 간밤에 무거웠던 마음이 말끔히 사라지고 홀가분했다.

어린 고추 모를 밭으로 옮겨 심는다. 땀방울이 머리에서 발끝까지 흘러내린다. 그녀 가족과 함께 방금 심은 고추밭을 힐끔 돌아본다. 희망의 파란 고추 모에는 어느새 빨간 고추가 주렁주렁, 성질 급한 내 마음엔 벌써 풍작을 이루고 있다.

남편을 새 사람으로 탈바꿈해 놓은 억척스런 그녀. 손끝은 매운 고추보다 더 맵고 농촌을 사랑하는 마음이 태양보다 더 뜨거운 그녀가 농촌을 사랑하는 마음이 변하지 않는 한, 그녀에 대한 나의 사랑도 변치 않을 것이다.

(2007. 5.)

눈 오는 날만 같아라

먼 곳 산짐승들의 고향으로부터 눈이 내린다.

망원경을 들고 베란다 끝에 매달려 산속 털 가진 짐승들의 정황을 살핀다.

눈꽃만이 앞을 가릴 뿐 발자국 하나도 보이지 않는다. 하얗게 눈을 뒤집어쓴 조양산의 모습은 지체 높은 양반님의 도포자락처럼 기품이 있다. 금방이라도 펄럭이며 내게 다가설 듯한 기세다.

내 가슴이 뛰기 시작한다. 숨을 몰아쉬며, 지그시 눈을 감고 겨울을 품에 안는다. 두근두근, 콩닥콩닥, 참으로 묘한 감정이로세. 쭉쭉 뻗은 소나무들이 웅성대며 마을로 내려온다. 무슨 일일까? 아! 손에 든 망원경 렌즈가 줌으로 되었구나.

눈 내린 아침은 아이들의 천국이다.

놀이터에 아이들의 모습이 보인다. 하나둘 점점 더 많아진다. 아버지와 함께 눈사람을 만드는 예쁜 여자아이, 친구와 눈싸움을 하는 사내아이도 보인다. 언니를 따라 나온 어린아이는 두꺼운 외투에 하얀 털모자를 쓴 모습이 눈사람인지 인형인지 사람인지 구분하기 힘들다. 오랜만에 놀이터가 제구실을 한다. 곳곳에 세워 둔 눈사람도 한몫을 하니 놀이터는 금세 만원이다.

가끔 한두 명의 아이들이 기웃거릴 뿐, 빈 그네는 살짝 이는 바람에도 흔들흔들 몸을 맡기고, 삐걱거리는 시소의 신음은 아이의 따스한 손길을 기다리는 듯, 늘 텅 비어 있던 놀이터다. 눈 내린 아침 놀이터의 북적대는 풍경이 조금은 낯설지만 생기가 돌아서 좋다. 모처럼 사람 사는 동네 같다. 아이들의 천진스러운 모습이 보이고 해맑은 웃음소리가 들린다. 순수한 백설, 때 묻지 않은 눈송이가 아이들 마음속을 파고드나 보다. 아이들의 재잘대는 소리가 나뭇가지에 걸려있다. 보기 드문 아침풍경이다.

방학을 맞은 아이들은 어른보다 더 바쁘다. 놀 시간도 없거니와 놀 줄 도 모르는 아이들. 함께 놀 친구가 없고 혼자 시간을 보내는 데 익숙해진 아이들은 여럿이 하는 놀이를 모른다. 시간에 쫓기고 공부에 시달리고 짜인 생활에 싫증을 느낄 즈음이면 엄마의 잔소리가 틈새를 파고든다. 안타까운 것은 아이들의 지친 표정이다. 크게 웃는 웃음소리도 밝은 표정도 요즘 아이들에겐 찾아보기 힘들다. 아이들이 빈둥대며 노는 것은 결코 무의미한 것이 아니라 성장과정 중에 필수적이라 하니 학원으로 내몰리는 아이들의 무표정한 동심을 어른들은 뭐라고 변명을 할까.

눈 내린 아침. 북적대는 놀이터를 바라보며 그나마 눈이 내려 다행이라는 생각을 해 본다.

(2009. 1. 18.)

3부

낯선 이름

문패

맑은 햇살에 눈이 부시던 가을날이었다.

아침부터 문화예술회관에서 졸업작품전 준비를 하고 있는데 동생이 전화를 했다. 아버지 집으로 잠깐 오라는 말에 알았다고 짧게 대답하고 전화를 끊었다. '급한 일이야 있겠어?' 생각하며 차에 실린 작품이나 내려놓고 가려고 계속 일을 하고 있었다. 잠시 후 제부까지도 급한 목소리로 빨리 오라는 말만 계속하더니 수화기를 내려놓았다. 무슨 일이기에 저토록 허둥대는 것일까 궁금했지만 나는 전시회 준비가 먼저라는 생각에 남편에게 전화를 걸어 친정을 다녀오도록 했다.

그런데, 작품을 옮기던 중 액자 하나를 떨어뜨려 산산조각을 내고 말았다. 깨진 액자는 컴퓨터 그래픽으로 만든 아버지의 초상화였다. 가루가 된 유리 속에서도 환하게 웃고 있는 아버지를 보는 순간 불길한 예감이 뇌리를 스쳤다.

한걸음에 친정으로 달려갔다.

마당에 들어서니 휑하니 찬바람만 일 뿐 아무리 불러도 아버지는 대답이 없으셨다. 신발도 채 못 벗고 안방에 들어서니 남편이 누워있는 아버지를 안고 목 놓아 울고 있었다. 어찌된 일일까? 왜 남편만 울고 있을까? 나는 눈앞이 캄캄하였다. 아버지는 말씀 한마디 남기시지 못하고 어머니 곁으로 서둘러 떠나셨다.

그 후, 자상하신 아버지의 모습을 글로 써 놓아야지 하면서도 뒤로 미루고 있었다. 아직도 아버지의 떠나심을 인정할 수가 없었기 때문이다. 평소에 여행을 좋아하셨던 아버지가 여행길에서 돌아오지 않은 것이라 생각했기 때문에 아버지에 대한 글을 쓸 수가 없었다. 그러나 이렇게 글을 쓴다는 것이 조금은 두렵지만 아버지의 부재를 이제는 인정하고 싶음이다.

생전의 아버지는 나의 자질구레한 넋두리까지 다 들어주는 아주 친한 친구였으며 커다란 바위와도 같은 분이셨다. 어느 때는 혼자 식탁 앞에 앉아 밥을 먹다가 문득 내 앞에 앉아 있는 것 같아서 자세를 똑바로 고칠 때도 있었다. 금방이라도 현관문이 열리며 '뭐하니!' 하고 들어서실 것 같은 착각에 빠지기도 하고, 전화벨이 울리면 아버지일까, 반가운 마음에 수화기를 들기도 한다. 좋은 일이 생기면 제일 먼저 아버지가 생각나고 그럴 때마다 따뜻한 아버지의 품이 그리워진다.

'만당화기생가상(滿堂和氣生嘉祥)'

"화기가 가득 찬 집안에는 항상 아름답고 좋은 일만 생긴다."는 글귀는 아버지의 생활신조이다. 그해 여름 아버지는 대청마루에 돗자리를 깔고 먹을 갈았다. 모시 중의적삼을 깔끔하게 입으시고 화선지를 펼쳐서 혼신의 힘을 다해 '만당화기생가상(滿堂和氣生嘉祥)'이라고 똑같이 다섯 장을 썼다. 지암(智唵)이라고 호를 적고 낙관까지 찍어서 우리 집에 들고 오셨다. 늘 지필묵(紙筆墨)과 함께 벗하던 분이셨기에 아무런 생각 없이 받아 두었는데 그때 하신 말씀이 생각났다.

"너희 오 남매는 내 전 재산이다. 무엇으로 증명할까 고심한 끝에 이렇게 글로 남겨야겠다는 생각을 했다. 너희들 똑같이 나눠 갖고 소중히 간직해 주면 좋겠다. 대대손손 어디서 어떤 모습으로 살더라도 내 자식들이라는 것이 이 글 하나면 증명이 되지 않겠니? 표구 잘해서 집안에 걸어두고 쓰인 말씀처럼 생각보다는 실천이 앞서는 부모들이 되었으면 좋겠다. 점점 글씨도 안 되고 눈도 침침하여 서예를 하기에는 무리인 것 같아서 더 늦기 전에 써 보았는데 마음에 드니?"

아버지의 환영을 쫓아 다시 꺼내 펼쳐 든 글귀 위에 아버지의 쓸쓸해 하시던 모습이 떠오른다. 나는 소리 없이 눈물로만 대답했다. 화선지에 떨어진 눈물이 번지듯 허전해하시던 아버지의 마음이 내 가슴속에 잔잔히 스며들었다. 꾹 참았던 그리움이 가슴 밑바닥으로부터 차올랐다. 봇물 터지듯 밀려오는 슬픔에 삼키고 또 삼켰던 울음을 터트리고야 말았다.

며칠 전에는 꿈에서 아버지를 만났다. 오랜만에 오신 아버지는 내게 알려 줄 것이 있다면서 나를 데리고 고조부님 댁으로 가셨다. 충주 군수를 지내신 고조부님 댁부터 증조부님, 조부님 댁을 차례대로 알려주시더니 다음에 집을 찾을 때는 문패를 보고 찾아오라고 하시며 어디론가 가셨는데 나는 큰 소리로 아버지를 부르며 잠에서 깨어났다.

두루마기를 말쑥하게 차려입고 중절모를 썼던 아버지의 모습이 하루 종일 눈앞에 아른거려 오후에는 주과포를 챙겨들고 선산을 찾아갔다. 주말이면 아이들과 놀이 삼아 자주 둘러보던 곳이다. 내가 선산에 도착했을 때 전에는 느끼지 못했던 허전함이 한 눈에 들어왔다. 뭘까 다시 생각하고 둘러보았다. '아! 이것이구나. 부모님 산소 앞에 비석이 없구나. 비석을 안 세워 드렸구나 문패를 보고 찾아 오라시더니 비석이었구나.' 고조부님부터 모셔놓은 선산에 우리 부모님만 비석이 없었다. 우리는 왜 비석 생각을 못 했을까 왜 그랬을까. 잔을 올리고 눈물을 훔치며 바쁜 걸음으로 산을 내려왔다. 곧장 집안 어르신을 찾아갔다. 부모님 산소에 비석을 세워드리고 싶다고 했더니 윤달에 하는 것이 좋다고 하셨다. 마침 올해가 윤년이다. 더구나 청명, 한식이 윤달 중에 있으니 얼마나 다행한 일인지 문패를 달아 드릴 그날만을 손꼽아 기다린다.

아버지의 육신은 우리 곁을 떠났다. 하지만 내 마음과 글 속에 아버지의 영혼은 영원히 살아 계시리라는 것을 나는 믿는다. 오늘도 양지 바른 산기슭에 두 분이 잠들어 있는 친정을 찾아갔다. 친정의 뜰에는 항상 남보다 먼저 봄을 준비하던 엄마의 분주한 모습과 아버지의 인자하시던 웃음이 함박꽃처럼 피어난다. 문패를 달고 계시는 아버지는 편안한 마음으로 가족들의 삶을 바라보고 계실 것이다. 다음에는 친정의 묘역에다 늘 푸른 울타리를 쳐 드리고 싶다. 부모님처럼 든든한 울타리를…….

(2004. 4.)

낯선 이름

엄마는 태어날 때부터 엄마인 줄 알았습니다.

엄마는 헌 옷만 좋아하는 줄 알았습니다.

엄마는 맛을 모르는 사람인 줄 알았습니다.

엄마는 내가 필요로 할 때면 언제든지 달려와 주는 사람인 줄 알았습니다.

엄마는 영원히 내 곁에 있어줄 줄 알았습니다.

엄마는 항상 용감한 줄 알았습니다.

엄마는 많이 아파도 엄마가 괜찮다면 괜찮은 줄 알았습니다.

– (뮤지컬 「친정엄마」) 중에서

엄마가 보고 싶은 날이 있다.

장 담그는 봄날, 김장하는 가을날, 인삼을 넣고 닭을 삶는 여름날, 철철이 계절음식 명절음식을 챙길 때면 엄마가 생각난다.

내가 아내 되고 엄마 되고 친정엄마처럼 나이 들고 친정엄마처럼 살림을 한다. 엄마처럼 곱게 화장을 하고 고운 옷을 입고 돌아서서 거울을 본다. 차가운 거울 속에 비친 내 모습에서 잊혀진 엄마를 만난다. 참 많이도 닮았다. 내가 엄마를…….

엄마는 지금 내 나이에 나를 출가시켰다. 나는 장모 될 준비를 하고나 있는 걸까. 엄마는 어떤 마음으로 날 시집보냈을까. 시집가던 날, 그날은 미처 엄마 얼굴을 살피지 못했다. 전혀 생각이 나질 않는다. 엄마는 아마도 속으로 속으로 많이 우셨을 것 같다. 나도 그러할 테니.

5월 마지막 토요일, 딸아이가 우리 부부에게 데이트를 청한다. 강릉에서 만나자고 한다. 옷장을 열고 젊어 보일 옷부터 골라낸다. 하나씩 입어보고 또 봐도 어색하고 불편하다. 젊어 보이기엔 이미 늦었나 보다. 친정엄마가 늘 그랬듯이 생활한복을 입고 길을 나선다. 이른 더위가 원성을 사는데 강릉은 서늘하다. 바닷가 모래사장에서 불어오는 바람은 초가을 선들바람이다. 우리는 수다를 떨며 점심을 먹고 친구처럼 차를 마신다.

아이가 우리를 데려간 곳은 강릉대학교 해람문화관. 뮤지컬 「친정엄마」 공연장이다. 엄마랑 아빠랑 보고 싶어서 미리 예약을 했다는 딸아이가 지금은 달리 보인다. 어느새 컸다고 나를 친정엄마 취급한다. 장내는 침묵이 흐르고 클래식 음악이 가늘게 들린다. 그 묵직한 분위기가 바로 친정엄마다. 딸처럼 보이는 젊고 예쁜 여인들과 친정엄마처럼 보이는 후덕한 여인들이 자리를 꽉 채웠다.

1막은 신명나는 무대. 배우들이 노래를 부르고 춤을 추며 관객을 사로잡는다. 친정엄마의 젊은 시절 이야기다. 잠시 휴식시간이 끝난 후 2막이 오른다. 주인공 친정엄마가 객석을 지나 무대 위로 오른다. 관객들과 일일이 악수를 하고 포옹을 하며 따뜻한 정을 나눠준다. 잠깐이지만 주인공 배우에게서 엄마 품속 같은 포근함과 향긋한 엄마 냄새를 맡는다. 2막이 시작되자 캄캄한 객석에서 훌쩍훌쩍 우는 소리가 들린다. 시간이 지날수록 더 크게 더 많이 들린다. 딸도, 옆에서 함께 보던 남편도 태연한 척하지만 감정의 동물인지라 흐르는 눈물을 어찌하랴. 살짝살짝 눈물을 훔치는 모습이 눈에 들어온다. 친정엄마가 장모님인 걸 남자들은 알고 있겠지.

눈물 콧물 다 흘리며 본 것은 내 이야기고 내 딸의 이야기다. 내 친정엄마고 딸의 친정엄마다. 엄마는 내게 모든 것을 다 내어 주고도 고맙다는 인사도, 미안하다는 사과의 말도, 죄송하다고 용서를 구하는 한 마디도, 사랑한다는 따뜻한 고백도 못 듣고 뭐가 그리 바쁘셨는지 서둘러 세상을 떠나셨다. 이제야 알았다. 엄마에게 난 아주 이기적이고 인색한 딸이었다는 것을.

그래도 엄마가 보고 싶은 날이 있다.

그날은 내 결혼 청첩장이 보고 싶은 날이기도 하다. 청첩을 하고 결혼까지 긴(?) 기다림의 시간은 설레는 마음보다 지루함이 더 컸던 기억이 난다. 곱게 길러준 엄마는 안중에도 없었고 새살림 들여놓은 신혼집 생각만 했던, 지금 돌이켜 보면 불효막심했던 딸이었다. 시간이 지나니 그날을 기억하고 싶을 때가 있다. 내 결혼 청첩장이 보고 싶은 날이다. 그 청첩장에 지금은 낯선 엄마 이름도 아버지 성함도 적혀있을 텐데……. 뭐 힘든 일이라고 그

것 한 장 보관을 못 했을까. 이름 석 자라도 보고픈 날이다.

뮤지컬 「친정엄마」를 통해 내 삶 전체를 들여다본다. 나는 어떤 딸이었나. 내 딸은 어떤 딸일까. 나는 어떤 모습의 친정엄마일까. 내 딸은 낯선 내 이름을 그리워하며 눈물짓는 날이 없기를 간절히 바라본다.

딸아! 덕분에 멋진 나들이였다. 네 친정엄마로 살 날을 기대한다.

(2013. 5.)

호두나무

친정집 마당에는 커다란 호두나무 한 그루가 서 있었다.

그 나무가 넓고 푸른 잎으로 한창 싱그러움을 자랑하던 8월의 어느 초저녁, 호두나무집 셋째 딸의 함이 들어온다. 함 사라는 함진 애비의 고함에 동네 사람들이 구름처럼 모여든다. 웅성거리는 소리가 담장을 넘어오고, 호두나무 아래에 모인 아낙네들은 울안을 들여다보려고 서로 밀치면서 자리다툼을 한다.

함을 등에 진 덩치 큰 사내가 얼굴에는 오징어 가면을 쓰고 하얀 소청으로 만든 어깨끈을 추스르며 앞장선다. 그를 뒤따르는 친구들은 청사초롱을 들고 꽹과리를 치며 동네가 떠나갈 듯 길놀이로 장사진을 벌인다. 옥색 갑사 두루마기를 정갈하게 차려입은 신부의 아버지가 돈 봉투를 여러 개 들고 큰길로 마중을 나간다. 함진 애비와 흥정을 하는 모양이다. 호락호락하지 않은 듯, 신부 아버지는 난감한 표정으로 함진 애비의 발걸음 걸음마다에 돈 봉투를 깔아준다. 신이 난 일행은 더 큰 소리로 고함을 지르고 구경 나온 동네 사람들은 함을 사겠다고 여기저기서 손을 들며 장단을 맞춘다. 다급해진 신부 아버지는 함진 애비에게 청을 다 들어주겠다며 대문 안으로 데리고 들어간다.

일행은 함을 신부 아버지께 인계하고, 마당 끝에 있는 호두나무 아래로 몰려간다. 그곳에는 함진 애비의 청대로 거하게 차려진 술상이 있다. 구경나온 동네 아저씨들과 일행은 술판을 벌인다. 광경을 지켜보던 달님도 엷게 미소 지으며 넓은 입새 사이로 살포시 달빛을 내린다. 사주단자를 받은 새아씨의 발그레한 두 볼처럼 수줍은 빛이다.

'흠뻑 내린 이슬은 햇볕이 아니면 못 말리고, 마음 놓고 마시는 밤술은 안 취하곤 못 돌아간다.'는 한시의 한 구절을 그들도 알고 있었을까. 끝도 없이 마신 술에 취하고서야 하나 둘 자리를 뜬다. 호두나무 걸린 달님도 어느새 잠이 들었다.

호두나무는 친정아버지께서 가장 아끼시던 고목이다. 아침마다 호두를 줍던 아버지의 모습이 눈에 선 하다. 낙엽을 뒤적이며 한 알 한 알 주워 먼지를 닦으시던 그 모습을 꿈에서라도 한 번 더 볼 수 있었으면 좋으련만…….

나무 밑을 서성이며 주운 호두는 자식들에게 똑같이 나눠준다. 멀리 사는 자식들 몫까지 챙겨두고 잘생긴 두 알은 따로 골라 지압용이라며 셋째 딸인 내게 주신다.

얼마 전, 추석을 앞두고 모 백화점에서 명절 선물로 특별한 것을 소개하는 것을 보았다. 귀족호두라고 이름 붙여진 열매가 두 알에 100만 원이라는 것이다. 전남 장흥의 300년 된 나무에서 딴 호두로 '옛날에 임금님 지압용으로 진상되었다.'는 한 마디에 호두는 명품이라는 명찰을 달고 날개 돋친 듯 팔려나갔다. 귀족호두는 아닐지라도 아버지가 건네주는 호두를 지금도 갖고 싶다. 이는 아직도 아버지의 울을 벗어나지 못함인가보다.

가을이 되면 예전에 아버지가 사시던 호두나무집이 생각난다. 그 집을 찾아 나서지만, 동네가 많이 변해서 옛집을 찾기가 쉽지 않다. 태풍 루사와 매미가 휩쓸고 간 뒤 새 건물들이 앞 다투어 들어서고 새로 난 큰길이 마을 가운데를 뚫고 지나갔기 때문이다. 다람쥐 쳇바퀴 돌 듯 동네를 돌다 보니 멀리 호두나무 꼭대기가 보인다. 반가운 마음에 어떻게 찾아갔는지 모른다. 정신을 차리고 보니 그 집 호두나무 밑에 내가 서 있다.

새 건물 숲에 떡하니 버티고 있는 낡은 집 한 채와 마당 끝에 우뚝 서 있는 호두나무를 본다. 돌아가신 아버지를 만난 것처럼 반갑지만 부인할 수 없는 아버지의 부재는 눈물로 남는다. 새 주인이 어떤 사람인지 나는 모른다. 그 사람은 분명 정이 많고 따뜻한 사람일 것이라는 추측만 가지고 있다.

해마다 낙엽을 뒤지며 호두를 줍던 아버지도 가을이 되면 한 번쯤은 옛집을 찾을지도 모른다. 하늘나라에서 내려다보고 집을 찾겠지만 옛 모습을 감춰버린 동네를 아버지는 알아볼 리 없다. 다행히 마음씨 좋은 새 주인 덕분에 옛집과 호두나무가 그대로 있으니 이는 분명 아버지를 위한 것이다. 그토록 아끼던 호두나무가 그 자리에 꼼짝 않고 있음을 한눈에 알아본 아버지도 새 주인에게 고마워하실 것 같다.

호두나무는 이제 잎을 다 털고 앙상한 나목으로 서 있다. 신록을 자랑하던 무성한 잎새들이 누렇게 물들고 말라서 떨어지는 것은 나무에게 슬픈 일이다. 가을날 홀연히 낙엽처럼 가신 아버지가 그립다. 사라진다는 것은 인간에게 큰 슬픔이다. 잎새랑 열매랑 가는 바람에 모두 내주고도 늠름하게 서 있는 호두나무가 아버지처럼 든든하다.

나지막한 담장을 넘겨다보며 나른한 추억에 잠긴다. 주마등처럼 스쳐 지나가는 많은 날들이 말없이 구르다 발길에 차이는 낙엽처럼 허무와 무상만을 안겨준다. 고개를 길게 빼고 담장 안을 휘 둘러본다. 옛집의 모습은 그대로인데 아버지의 모습은 그 어디에도 없고 함진 애비의 우렁찬 목소리만 귓전을 울리는 듯하다.

(2006. 10. 10.)

큰 새집

"저 색시가 큰 새집 막내며느리 감인가?"

마을 어귀에 들어서니 아낙네 서넛이 일복 차림으로 밭가에 우두커니 서 있다. 시어머니 되실 분이 오늘 며느릿감 온다고 자랑을 하신 터라 작은 마을에 이미 내 소문이 나 있었다. 마을을 찾아온 낯선 여자가 그들도 궁금했는지 안 보는 척 곁눈질로 나를 훔쳐보며 수군거리고 있었다.

'큰 새집 막내며느리 감? 큰 새집? 뭔 소리지? 그냥 큰 집도 아니고 큰 새집이면 새집보다는 크다? 새가 사는 집 치고는 큰 편이다? 도대체 뭔 소린지 알 수가 없네.'

구시렁거리며 마을 안길을 따라 걷다 보니 큰 새집이 나타났다. 마당 끝에는 아름드리 살구나무가 잎을 무성히 달고 늠름하게 서 있고, 나지막한 담장에는 빨간 덩굴장미가 넝쿨을 이루어 앙증맞은 꽃들을 구슬처럼 달고 있는 집이었다. 큰 새집? 바삐 눈을 굴리며 수수께끼 같은 큰 새집의 비밀을 찾는다. 급하게 눈에 띄는 것이 있다. 뒤뜰로 가는 처마 끝에 새장 세 개가 걸려있다. 카나리아 두 쌍이랑 잉꼬 한 쌍이 살고 있다. 그제야 궁금증이 풀렸다. 그런데 새를 키우는 집이라서 새집이라면 앞에 붙은 '큰'은 뭐지. 새장은 보통 새장인데……. 또 궁금해지기 시작했다.

늦게 결혼을 결심하고 그 남자를 따라 처음 그 댁에 인사를 하러 가던 날이었다. 넓은 마당과 커다란 살구나무, 작고 아담한 집의 낮은 처마, 그 끝에 매달린 새장 세 개, 처음 갔던 시댁은 그런 모습의 집이었다.

인사를 마치고 돌아와 큰 새집 막내며느리가 될 준비를 본격적으로 했다. 9남매 여덟 번째인 남편은 아들로 막내였다. 그의 부모님은 연세가 많았다. 내가 혼인을 서두르는 이유가 핑계 같지만 내 나이보다 부모님 연세였다. 그렇게 나는 그 집안의 새 식구가 되고, 그 집의 새 세 쌍은 우리 신혼집의 새 식구가 됐다. 우리 신혼집이 이제 큰 새집인가. 그런 거야? 혼자 묻고 답했지만 정답은 아니었다.

살아서 움직이는 건 겨우 사람만 좋아하는 내가 날마다 새들과의 전쟁이다. 모래를 갈아주고 물과 모이를 챙겨 주는 일, 눈을 크게 뜨고 살펴도 안 보이는 새털이 집안에 둥둥 떠다니는 찝찝한 기분, 각질처럼 일어나는 비늘은 또 얼마나 비위가 상하는지 지금 생각해도 구역질이 날 정도였다. 집의 구조상 새장도 실내에 있다 보니 여간 번거로운 게 아니었다. 아침이면 조잘대고 파닥거리고 먼지 나고 냄새나는 저 새들을 왜 키워야 하는지 짜증이 점점 늘어갔다. 그래도 남편이 오랫동안 키우던 것이라 처분도 못 하고 '큰 새집' 명분을 이어 갈 생각에 새들과의 전쟁을 계속했다.

그렇게 몇 달을 살다 보니 겨울이 되었다. 더 이상 실내에서 새를 키우는 것은 무리라는 생각에 남편과 담판을 짓기로 마음먹고, 남편 퇴근 시간만을 기다렸다. 큰 새집 며느리 포기를 선언할 참이었다.

남편에게 새 집, 새장을 처분해야 하는 이유를 말했다. 이어 큰 새집 며느리를 포기한다고 했더니 남편이 깜짝 놀라며 '그깟 새 때문에 큰 새집 며느리를 포기하냐?'고 화를 낸다. 그깟 새라니? 그리고 큰 새집 며느리를 포기하기로서니 그게 그렇게 화낼 일인가? 어느새 둘은 언성을 높이고 있었다.

시댁 동네에서 부르는 '큰 새집'과 내가 생각했던 '큰 새집'은 서로 다른 집이었다. 남편의 설명을 듣고 나니 큰 새집 막내며느리 포기라는 말에 벼락같이 화를 내던 남편을 이해할 수 있었다.

시댁에 이웃하고 사시는 5촌 아저씨가 있다. 시아버님이 형제가 없어 남편은 5촌 아저씨를 지금도 작은아버지라 부른다. 그래서 그 동네 사람들은 우리 시댁을 '큰 새집' 5촌 아저씨 댁을 '작은 새집'이라고 명명했단다.

'큰 새집'이라 함은 그 동네에서 큰집(형의 집)이라 불리는 우리 시댁이 제일 먼저 새집을 지었다고 해서 '큰 새집', 곧이어 5촌 아저씨가 새집을 지어 그 집을 '작은 새집'. 내가 생각했던 새집 [새:집], 새가 사는 집이 아니었다.

큰 새집 막내며느리를 포기해서도, 할 수도 없는 자리임에 소통의 문제로 쉽게 입에 올렸으니 잉꼬 키우다 갈라설 뻔했던 웃지 못 할 일이 있었다.

'큰 새집'이 지금은 우리들 추억 속에나 있을 뿐이다. 주변에 동네보다 더 큰 체육시설이 들어오더니 '큰 새집'은 도로가 통째로 삼켜 버리고 '작은 새집'만이 동네를 지키고 있다.

늠름했던 살구나무도 구슬 같던 장미꽃도 나지막한 처마도 추억 저 편으로 사라지고, 그곳에 살던 옛날 사람들을 그리워하며 지내다 보니 어느새 내가 그때 그 어른들의 모습을 하고 있더라. 내 두 딸의 나이가 그 때 내 나이 보다 훨씬 많음을 알고 나니 세월이 참 많이도 흘렀더라.

- (『수필문학』(2018. 6. 24.)

흰 봉투

초저녁 창끝에 걸려있던 달이 지금 막 산등성이를 넘고 있다. 퍽 늦은 시간이다. 간간이 들리는 귀뚜라미 소리가 가을이 가까이 와 있음을 알린다. 어머니가 계시는 먼 곳의 이야기가 궁금하여 잠을 이루지 못하고 다시 책상 앞에 앉았다. 나직이 들리는 귀뚜라미 소리가 반갑다. 먼 곳의 소식을 귀뚜라미는 알까? 귀를 기울여 보자.

그해 여름엔 우리 집에 수험생이 둘이 있었다. 대입을 앞둔 막내와 중등교사 임용고시를 준비하는 둘째가 더위도 잊은 채 책과 싸우고 있을 때였다. 손이 닿지도 않는, 볼 수도 만질 수도 없는 아득한 곳에 계시는 엄마를 20년 만에 만났다. 항상 그랬듯이 하얀 얼굴엔 미소가 가득하고 빳빳하게 다려 입은 옷차림이 우리 엄마임에 틀림이 없었다.

엄마를 만나 같이 간 곳은 커다란 절이었다. 어딘지는 알 수 없으나 고즈

넉하고 단정한, 맑은 풍경소리가 산을 울리고 화사한 햇살이 마당 가득 내려앉은 아름다운 곳이었다. 엄마를 따라 법당에 들어가 불전함 앞에 섰다. 불심(佛心)이라 적힌 봉투에 불전을 넣으려 하자 엄마는 그 봉투를 빼앗았다. 잠시 기다리고 있으라더니 어디론가 가셨다. 잠시 후 엄마는 하얀 봉투 한 장을 가져와 내 앞에 내밀며 당신이 시키는 대로 적으라 하셨다. 손으로 글자 쓸 위치를 꼭꼭 짚어주며 한문으로 합격이라고 쓰라 했다. 엄마가 짚어주는 위치에 정확하게 합격(合格)이라 쓰고 그 봉투에 불전을 넣었다. 부처님께 삼배하고 일어서니 엄마는 온데간데없고 나 혼자 합장하고 우두커니 서 있더라.

깜짝 놀라 잠에서 깨니 꿈이었다. 꿈이라 믿기지 않을 만큼 생생하고 금방이라도 엄마가 내 앞에 나타날 것만 같아서 두리번거리며 엄마를 찾았다. 먼 곳에 계시는 엄마를 우리 집에서 찾다니 바보 같구나.

이른 아침 엄마가 시키는 대로 합격이라 적은 봉투를 들고 가까이 있는 적멸보궁을 찾아갔다. 법당에서 나오는 내 발걸음이 날아갈 듯 가벼웠다. 홀가분한 이 기분은 뭐지? 나는 엄마를 잊고 있었는데 엄마는 그 먼 길을 왜 오셨을까? 고맙고 미안한 생각에 금세 마음이 무거워졌다. 그 일이 있고 난 뒤 나는 합격이라고 쓴 봉투를 들고 사찰 투어를 시작했다.

막내에게 꿈 얘기를 해줬다. 얼굴도 모르는 외할머니 이야기를 들으며 잠시 눈을 감더니 내게 묻는다. '엄마! 그런데 왜 봉투가 하나야? 합격을 해야 할 사람은 둘인데 봉투는 왜 하나냐고? 그 봉투 누구 거야?' 대학입시를 눈앞에 둔 막내의 다급함이 느껴졌다. 글쎄, 그 봉투는 누구 봉투였을까.

두 아이가 모두 합격을 했다. 막내는 원하는 대학에, 둘째 아이는 중등교사 임용고시 합격자 명단에 이름을 올렸다. 뭘까? 먼 곳에 계시는 엄마는 알고 있었을까. 그렇게 해야 된다는 것을…….

죽어서도 자식 걱정을 놓지 못하는 엄마의 마음을 생각하니 살아생전 해드린 것 없이 받기만 했던 내가 참으로 불효막심한 딸이었음을 알았다. 하얀 봉투를 들고 내 앞에 나타난 엄마를 생각하면 할수록 가슴이 먹먹하고 눈물이 앞을 가려 아무 말도 어떤 행동도 취할 수가 없다. 왜 몰랐을까 그 마음을, 살아계실 때 잘할 걸…

지금이라도 꿈에서처럼 엄마가 곁에 있다면 얼마나 좋을까. 그동안 못다 한 자식 노릇도 하고, 엄마 손 잡고 좋은 곳으로 여행도 다니고 맛있는 것, 예쁜 옷 다 해드리고 친구 같은 딸이 되어 엄마를 즐겁고 행복하게 해 드릴 수 있는데 엄마는 조금만 기다려 주지 뭐 바쁜 일이라고 그리 서두르셨을까. 바보 같은 딸을 우두커니 세워 두고.

내가 엄마한테 못 해 드린 것 아이들에게 받아야겠다. 그 아이들이 나처럼 후회하며 가슴 아파하는 일이 없도록 내가 알아서 해야겠다. 딸들아, 아들아! 이 글 보고 있니? 여행도 가고 맛집도 가고 예쁜 옷도 사 입자꾸나. 난 흰 봉투 들고 너희들에게 합격이라고 쓰라 할 자신은 없다. 대신 너희들 때문에 날마다 즐겁고 행복하게 살고 싶구나.

소곤대던 귀뚜라미도 조용한 걸 보니 잠이 들었나 보다. 오늘은 먼 곳의 엄마얘기를 들었으니 꿈속에서 만날 수 있으려나 남은 밤을 기대해 봐야겠다.

(2018. 8. 21.)

가수기

삼시 세끼, 오늘 뭐 먹지? 한식대첩, 집밥 B 선생, 수요일에 맛있게 먹는 것, 냉장고를 부탁하는 것까지 방송국마다 요리를 주제로 한 프로그램이 넘쳐난다. 요리하는 남자가 대세인 시대에 살고 있지만 삼시 세끼를 걱정하는 것은 아내들의 몫이다. 프로그램마다 쉽고 빠르고 따라 하기도 좋은 음식들이 많이 소개되지만 볼 때, 들을 때 뿐이다. 또다시 고민한다. 오늘은 뭘 먹지? 그런 날은 홍두깨를 꺼내 든다. 안반을 내놓고 가수기를 준비한다.

가수기는 칼국수의 강원도 사투리로 특히 정선지방에서 많이 쓰는 말이다. 정확하지는 않지만 콩가루를 더한 국수라는 뜻의 가숙(加菽)에서 생긴 말이 투박한 정선 사투리로 변하면서 가수기 또는 가쉬기로 불린다. 정선 사투리답게 촌스러우면서 소박하고 구수하고 칼칼한 맛의 칼국수 가수기에 우리 집 장맛을 더하면 어떤 음식에도 비할 수 없는 별미 중의 별미가 된다.

가수기는 밀가루와 콩가루를 섞어서 노랗게 반죽을 하고, 노란 밀가루 반죽을 안반에 대고 여러 번 치대서 찰기를 더한다. 치댄 반죽 덩어리를 홍두깨로 눌러 감아가며 얇게 펴서 적당한 크기로 접은 다음 칼로 썰어서 국수 가닥을 만든다. 국수 가닥이 일반 칼국수에 비해 가수기는 얇은 것이 특징이다. 예전에 어머님은 가수기를 만드는 동안 식구 중 한 사람 더 오면 홍두깨를 한 번 더 굴린다고 하셨다. 얇을수록 양이 많아진다는 뜻이었을 게다.

이렇게 만든 가수기는 국수가닥끼리 서로 붙지 않게 하려고 감자가루를 뿌려주는데, 감자가루는 면발을 더 쫄깃 하게 할 뿐 아니라 국물이 식는 것도 막아 준다. 또한 가수기는 삶아 건지는 것이 아니라 면발을 삶은 물에 구수한 된장을 풀고 갖은 양념을 넣어 삶는 것이 일반 칼국수와 다른 점이기도 하다. 그래서 정선의 가수기는 푸근한 고향의 깊은 맛이 난다.

친정아버님은 어머니 손맛을 못 잊고 가수기 타령을 자주 하셨다. 밀가루 반죽 덩어리를 홍두깨로 밀어 얇고 가는 국수 가닥으로 만든다는 것이 쉬운 일이 아니다. 엄청난 기술이 필요하다. 처음 홍두깨로 가수기를 만들던 날 한쪽은 얇아서 구멍이 나고 한쪽은 손바닥만큼 두꺼워지고 길어졌다 짧아졌다 울퉁불퉁, 어머니가 하시던 모양을 흉내조차 낼 수 없었다. 그 후 몇 번을 시도했지만, 결과는 같았다. 아버님께 드릴 가수기는 수제비인지 칼국수인지 구분조차 할 수 없는, 그런 가수기를 맛있다고 잡수시던 아버지 모습이 지금도 눈에 선 하다. 보고 싶다.

이제는 나도 안반 탓만 하는 아낙이 아니라 가수기를 만드는 선수다. 구수하게 삶아내는 실력도 갖추었으니 가수기는 내가 자신 있게 할 수 있는 음식, 맛있게 먹는 음식 1호가 되었다. 친정어머니가 해 주시던 그 맛이 내 손끝에서 살아났다. 대를 물려주신 홍두깨 때문일까? 이유야 어떻든 아버님 살아생전에 이 맛을 찾았더라면 좋았을 것을……. 아쉬움이 남는다.

오늘은 뭘 먹지? 한 치의 망설임도 없이 홍두깨를 들고 나온다. 안반을 펼치고 반죽을 시작한다. 홍두깨로 둘둘 말고 칼로 곱게 썰어 국수가닥을 만든다. 둘이 먹을 음식을 20명이 먹고도 남을 만큼의 양을 하는 나는 눈대중이 없는지 손이 큰지, 한 번 더 굴러간 홍두깨 탓인지 덕분에 노인정 어르신들도 가끔 우리 집 가수기 맛을 본다.

멸치 육수에 된장을 풀고 애호박 썰어 넣고 파, 마늘로 양념한다. 펄펄 끓는 육수에 국수를 삶아 대접에 담고 조물조물 참기름에 무친 김치를 고명으로 얹어 밥상에 올린다. 가수기 한 대접, 여름은 이열치열 더워서 더 맛있고 겨울은 따끈하게 속을 녹여주니 좋다.

멀리 사는 아이들이 집에 오면 제일 먼저 찾는 음식이 엄마표 가수기다. 과음한 남편이 다음 날 아침에 찾는 것 또한 칼칼한 가수기 국물이다. 입맛이 없을 때도, 손님이 찾아와도 가수기로 한 끼를 대접한다. 찬밥 한 덩어리 국물에 말아도 부족함이 없는 것이 가수기다. 배를 채우기 위해 어쩔 수 없이 먹었던 그 옛날의 가수기가 아니라 즐겨 찾는 맛, 추억이 담긴 음식이다. 쫄깃한 면발과 구수한 국물의 가수기는 우리 집 별미로 자리 잡은 최고의 밥상이다.

- (『수필문학』 고정특설란 '나의 식도락' 2015. 8. 20.)

오덕(五德)

깨끗이 목욕을 하고 몸과 마음을 청결하게 한다.

하얀 앞치마를 두르고 햇살이 곱게 내려앉은 마당으로 나간다. 음력 정월이라 아직 차가울 때인데도 봄을 부르는 훈훈한 공기가 전통 장맛만큼이나 친근하게 느껴진다. 며칠 전 맑은 물로 정갈하게 씻어 둔 메주가 텃밭에서 불어오는 상큼한 바람에 보송보송하게 잘 말랐다.

예전에 어머니는 장 담그기 좋은 날을 정해서 고사까지 지낼 정도로 장 담는 날을 중요시 여겼다. 음력 정월 그믐이나 손 없는 날, 설을 쇠고 첫 말날이 장 담그기 좋은 날이라고 했다. 바로 오늘이 정월 그믐이다.

투박하고 두꺼운 옹기를 준비한다. 제대로 된 전통 장맛을 내려면 옹기의 선택도 중요하다. 유약을 발라 반짝반짝 윤기가 나고 겉모양이 매끄럽고 얇은 것 보다는 두께가 두꺼운 옹기가 열 보존을 잘 하고 음식도 잘 숙성 시킨다. 화공약품이 아닌 천연 잿물을 바른 옹기를 나무로 두 번 구워낸 것이 좋다고 하니 나처럼 좀 못 생기긴 했지만 두꺼운 옹기로 장만을 해 뒀다.

어머니는 늦가을 추수가 끝나고 겨울이 시작되면 무쇠 가마솥에 장작불을 지피고 콩을 삶는다. 구수하게 콩 익는 냄새가 온 집안에 고루 퍼질 때면 푹 삶아진 콩을 절구에 넣고 펑펑 찧어 코가 뾰족한 버선발로 밟아서 메주를 빚는다. 푹 삶아진 콩을 한 주먹 쥐고 어머니 몰래 숨어서 먹던 생각이 난다. 머리가 희끗희끗 한 지금도 그 맛은 잊을 수가 없다.

한 겨울, 뜨끈뜨끈한 아랫목은 메주 차지다. 겨우내 띄운 메주를 볏짚으로 묶어서 처마 끝에 주렁주렁 내 건다. 깨끗하고 더운 공기가 위로 올라와 곰팡이의 번식을 도와주고 땅 위에서 올라오는 습기를 피하기 위해 처마 끝에 높이 내 건다. 어릴 적엔 어느 집에서나 흔히 볼 수 있던 풍경이었지만 지금은 향수어린 옛 추억일 뿐이다.

볏짚은 메주의 발효를 돕고 발효 중에 생긴 암모니아의 불쾌한 냄새를 흡수하는 역할을 한다. 항아리에 묵은 장 냄새와 불순물도 항아리 안에 볏짚을 태워 제거한다.

어머니께서 일러 준 순서대로 장 담그기를 시작한다. 잘 말린 메주를 볏짚으로 소독한 항아리에 넣고, 4~5일 전에 만들어 둔 소금물을 붙는다. 소금물에 달걀을 넣어 밤톨만 한 크기로 물 위에 떠오르면 알맞은 염도란다. 어린 시절 농도를 맞추기 위해 소금물에 띄워 둔 달걀이 언제나 익을까 군침을 삼키며 지키고 앉았던 생각을 하니 웃음이 나온다.

소금물에 40여 일 불린 메주를 주물러 된장을 만들고, 곱게 갈아 온 고춧가루와 메줏가루를 섞어서 고추장도 담근다. 가스레인지 위에서 찹쌀 죽이 엿기름을 만나 단맛을 내며 펄펄 끓고 있다. 고춧가루와 메줏가루를 버무릴 감주는 그 맛이 혀를 감는다. 장 담그는 날은 먹을 것이 많다. 그래서 장 담는 날은 딸을 데리고 하고 김장은 며느리를 데리고 했다고 한다. 남의 집 며느리 되어 추운 날 김장을 해보면 그 말이 실감 날 것이다.

어른들의 말씀을 곰곰이 생각해 보면 틀린 말이 없고 하면 할수록 재미있고 매력이 넘친다. 내 진작 글을 쓸 생각이었더라면 어머니의 이야기보따리를 가져다 놓았을 텐데 못내 아쉽다.

건강한 삶을 추구하는 웰빙이 시대의 흐름인지 먹거리에 대한 관심이 날로 높아지고 있다. 지방과 과다영양의 서양식을 피하고 우리 고유의 전통음식으로 식탁을 채우려는 사람들이 늘고 있다. 우리 전통 된장에는 자연에서 사는 여러 가지 복합 균과 곰팡이, 효소 등이 작용하여 항암효과는 물론 혈전 용해 능력도 뛰어나다고 하여 인기가 높다. 세계 3대 발효식품으로 꼽히는 된장은 한국인의 건강은 물론 웰빙의 대표적인 식품으로 자리를 잡고 있다.

발효식품인 된장은 다섯 가지 덕(五德)을 지닌 식품이라 한다. 이는 전통을 무시하고 살아가는 현대인들에게 조상들의 일관 된 삶과 진정성을 그대로 보여주는 산교육의 새로운 면이기도 하다. 그 첫째 마음이 단심(丹心)이다. 다른 맛과 섞여도 제 맛을 낸다고 한다. 둘째 마음은 항심(恒心)으로 오랫동안 상하지 않음이다. 오히려 시간이 지나면 지날수록 더 깊은 맛을 낸다. 셋째 마음은 불심(佛心)이다. 비리고 기름진 냄새를 없애준다. 넷째 마음은 선심(仙心), 맵고 떫은맛을 부드럽게 해 주고 짜지 않은 깔끔함으로 깊은 맛을 낸다. 다섯째 마음은 화심(和心)이다. 어떤 음식과도 잘 어울린다.

사람은 어떻게 오덕(五德)을 갖출 수 있을까.

나만의 독특한 매력으로 독창성 있는 삶을 살면서 여러 사람과도 잘 어울리는, 자신에게나 타인에게 변덕스러운 마음을 갖지 않고 시기, 질투하지 않으며 늘 변함없는 따뜻하고 부드러운 마음으로, 깊은 맛을 내는 된장처럼 살아갈 수 있기를 소원한다.

요즘 '된장녀'라는 단어가 유행이다. 세상물정 모르고 살아가는 사람을 일컫는 말이라 한다. 진정 된장녀라 함은 된장의 다섯 가지 덕을 고루 갖춘 속 깊은 사람을 지칭해야 하지 않을까.

진정한 된장녀를 생각하며 장을 담은 항아리에 악한 기운이 들어가지 않도록 숯과 붉은 고추를 볏짚에 엮어 항아리 주변에 두르고 삼베를 씌워 바닥에 통풍이 잘 되도록 자갈위에 둔다. 재잘재잘 맵지도 않은지 고추장 항아리에는 맑은 햇살이 가득 들어앉아서 더디 오는 봄을 기다리고 있다. 마당 한 귀퉁이에 나란히 자리 잡고 있는 항아리들이 내 마음을 부자로 만든다.

'음식 맛은 장맛' '집안을 알려면 그 집 장맛을 보라.'는 말이 있다. 장맛을 내는 것은 재료에 따라 차이가 있겠지만 중요한 것은 정성이다. 집집마다 다른 종균이 그 집의 장맛을 결정한다고도 한다. 하지만 정갈한 마음으로 빚어내는 전통의 맛이 가장 한국적인 맛이요 가풍을 알리는 후덕한 맛이라 생각한다.

된장의 다섯 가지 덕을 생각하며 옛 선인들의 지혜와 몸으로 보여준 진실의 의미를 오늘도 나는 그리워한다. (2007. 3. 14.)

4부

생각

생각

내일이 결제일인데 통장을 확인하니 잔액이 300원 부족하다.

피아노 위에 얌전히 앉아 있는 큰 돼지를 잡기로 했다. 돼지의 뱃속에서 상상도 못 할 금액의 돈이 쏟아져 나왔다. 나름 종류별로 구분하고 친절하게 포장해서 마감시간 전에 부랴부랴 은행 예금창구로 달려갔다.

여직원이 하는 말, 매월 20일 이후에는 바빠서 동전을 받아줄 수가 없단다. 지폐만 받고 동전은 다음 달 초에 다시 가져오라고 내민다. '금융도 서비스업인데 고객한테 너무 하는 거 아니야.' 몹시 기분이 나쁘다.

동전을 만드는 비용이 액면가 보다 훨씬 많이 든다며 집집마다 있는 저금통, 책상 서랍에서 잠자는 동전 탈탈 털어서 은행으로 가져와 유통이 되도록 해 달라는 부탁의 글을 본 적이 있다. 그때 잠자던 동전들이 은행으로 다 모여서 이제는 넘쳐나기라도 하나? 넘쳐도 그렇지 교환도 아니고 예금인데 은행에서 동전을 안 받아 준다 하니 참 어이가 없다.

창구엔 여직원 둘이 하는 일 없이 멍하니 앉아있으면서 바빠서 못 받는다? 화가 치밀어 오르는 걸 억지로 참고 큰소리 안 내고 자존심과 함께 지폐와 동전을 꾸역꾸역 가방에 넣었다. 돌아서 나오는데 지점장이 인사를 하며 친절하게 다가온다. 음료수 하나를 건네며 왜 왔냐고 묻는다. 자초지종을 이야기하는 내 표정을 지켜보던 그 여직원이 다시 부른다. "동전이 얼마예요? 오늘만 받아줄 테니 다음부터는 직원들이 한가할 때 가져오세요." 한다. 지금도 한가해 보이는데 그때가 언제인지…….

"아니요, 괜찮아요. 입금 안 해요. 대신 오늘의 불쾌감은 당신 이름과 함께 꼭 기억할게요."

동전을 들고 집으로 오는 내내 기분이 나빴다.

나는 거스름돈으로 받는 동전이 불편해서 소액도 거의 카드 결제를 한다. 동전을 귀찮아하는 건 창구의 여직원뿐만 아니라 나도 마찬가지다. 이러한 불편을 해소하기 위해 '거스름돈 통장에 넣어주기'를 곧 시행한다고 한다. 일부 대형 쇼핑몰에서는 동전에 해당하는 거스름돈을 포인트나 카드에 입금을 시켜준다 하니 시간이 지나면 동전은 우리 생활에서 영영 사라질 것 같다.

며칠 전 인터넷 사이트 네이버에 동전수집가가 올린 글을 봤다. 1970~1998년 사이에 만들어진 동전 중 제법 많은 값에 거래가 되는 것들을 올려놓은 글이다. 같은 10원짜리 동전이라도 만든 년도에 따라 적동, 황동의 함량이 달라 그 가치가 천차만별인가 하면, 1974년도에 만든 100원짜리는 지금의 500원 동전 크기만 하였다니 귀하신 100원짜리 몸값을 미루어 짐작할 수 있음이

라. 1997년 IMF 외환위기를 맞아 1998년도에는 500원짜리 동전을 8,000개밖에 안 만들었다고 한다. 그때 만들어진 500원 짜리 동전은 금값보다 비싸게 거래가 된단다. 그날 입금하지 못한 내 동전 보따리에는 귀한 동전이 있을지도 모른다. 통장에 300원이 모자라는 날 다시 한번 열어봐야겠다.

지난봄 지인의 별장에 초대를 받았다. 남한강이 내려다보이는 산자락에 넓게 자리한 집은 그림에서나 볼 수 있는 아름다운 전원주택이었다. 풍수지리에 문외한인 내가 봐도 한눈에 명당자리임을 알 수 있는 곳이다. 외관을 살펴본 후 현관에 들어서면서 깜짝 놀라 멈칫, 발걸음을 멈추었다. 거실 입구에 보이는 커다란 유리병 두 개를 보고 나도 모르게 와! 하고 소리를 냈다. 그 병은 1미터쯤 돼 보이는 키에 지름이 20센티가 넘을 크기의 긴 병이다. 병은 동전으로 가득 차 있었고 크기와 모양이 다 다른 50여 개의 유리병이 1~3층 집안 곳곳에 있는데 모두 동전으로 가득 차 있었다. 어렸을 적 심부름 값으로 받았던 지금 100원짜리 크기의 5원짜리 동전, 하얗고 노란 1원짜리 동전도 병 안에 가득 있었다. 상평통보라고 쓰인 엽전도 보이고 예전에 쓰던 토큰도 보였다. 병마다 종류가 다른 동전으로 채워 둔 것을 보고 입이 다물어지지 않았다. 주인의 성품도 여유도 있어 보이고 도대체 저 많은 동전을 언제부터 왜 모았으며 얼마나 되는지도 궁금했다. 별장으로 옮길 때 이삿짐센터 직원들에게 구박을 많이 받은 병들이라며 주인은 웃음으로 답했다.

동전이 어떤 사람에게는 재산이고 어떤 사람에게는 취미 생활의 대상이며 또 어떤 사람에게는 아주 귀찮은 존재라는 생각에 씁쓸한 미소를 지었다.

사람과 동전은 비유가 될 수도, 해서도 안 되겠지만 만약 꼭 해야 하는 상황이라면 난 얼마짜리에 해당할까. 또 어떤 유형의 동전일까. 재산? 취미생활? 아니면 아주 귀찮은? 주인에게 귀한 대접 받는 동전이 있는가 하면 은행에서조차 외면당하는 동전이 있다. 동전뿐만 아니라 우리가 사는 사회에서 이러한 양면성은 흔히 볼 수 있다.

돈이든 사람이든 돌덩이든 다 필요한 곳이 있고 쓸 데가 있어서 생겨난 것들이다. 굴러다니는 동전보다는 병 속에 들어 있는 동전이 귀하게 보인다. 무엇이든 소중히 여기고 아끼는 마음가짐이 필요하다는 생각을 새삼 하게 된다.

귀한 대접을 받는 사람이 되려 하지 말고, 먼저 남을 귀하게 대접할 줄 아는 사람이었더라면 동전 좀 안 받아 줬다고 화낼 일도 기분 상할 일도 또 안 받아 줄 여직원도 없겠지.

방구석에 동전 보따리를 보며 또 생각한다. 재산? 취미생활? 아니면 귀찮음?

(2017. 8. 20.)

습관

미니멀 라이프가 내게는 참 어려운 과제다.

무엇이든, 그것이 옷이든 책이든 생각과 인간관계든 그릇이든 혹은 음식이라도 쌓아 놓고 살아야 되는 내 생활습관과는 동떨어진 얘기다. 옛날 어른들 하시는 말씀이 손이 커야 잘살고 어려서부터 풍족하게 여유롭게 살아야 결혼을 해도 나이가 들어도 잘산다고 했다. 풍족함이 쌓아 놓고 살라는 것은 아니지만 손이 커야 한다는 말에서 나눔을 배웠고 여유에서 남의 것을 탐하지 말라는 무언의 가르침을 받았다.

욕심 안 부리고 베풀면서 지금까지 잘살고 있다고 생각했는데, 어느 날 문득 쌓아 놓고 사는 내가 내 눈에 보인다. 버리고 비워 보려고 몇 번을 들었다 놨다 반복하지만 늘 제자리다. 이건 이래서 못 버리고 저건 저래서 못 버리는 것이 아깝기도 하지만 욕심이 아닌 생활습관에서 오는 지독한 애착증

때문이란 걸 알았다. 신혼살림으로 장만한 가구들을 지금까지 쓰고 있는 나는 심한 애착증을 앓고 있다. 그러니 요즘 유행하는 미니멀 라이프는 내 얘기가 아닌 남의 얘기일 뿐이다.

우리 집 구석구석엔 세 아이가 쓰던 물건들이 그대로 남아있다. 아이들 방에 책상도 침대도 그대로다. 어릴 때 가지고 놀던 장난감들도 곳곳에 숨어있다. 이렇게 복잡한 집에 세 아이가 대학 때 보던 전문서적들까지 우리 집 창고를 채우고 있다. 그래서 둘이 살면서도 늘 어수선하고 열심히 쓸고 닦아도 정리가 안 된 듯한 집안 꼴을 하고 있다. 미신을 믿는 것도 아닌데 아이들이 쓰던 물건을 쓰레기로 취급하려니 찜찜하고 가지고 있으려니 정리가 쉽지 않다. 가장 큰 이유는 부모님 댁에 가면 내 방이 있고 어릴 적 추억이 있다는 것을 아이들이 기억해 주길 바라는 마음에서다. 더 솔직히 말하면 아이들을 기다리는 엄마의 마음이기도 하다.

큰딸이 휴가 때 집에 와서 책꽂이에 꽂혀있는 자기의 일기장을 가져갔다. 초등학교 2학년 때 쓴 일기장인데 20권을 묶어 놓은 것이라 부피가 꽤 있다. 빛바랜 일기장을 한 장 한 장 넘길 때마다 식구들은 감탄사를 쏟아 냈다. 어떤 대목에서는 눈물이 나도록 웃기도 했고 어느 연에서는 눈물이 나도록 슬퍼하기도 했다. 딸의 일기가 한 권의 동화책 같고 옛날 영화를 보는 것 같았다. 신선하고 재미있었다. 큰딸이 하는 말 '내가 작가가 된 원천이 이거로구나.'

"큰딸아, 너 그러는 거 아니다. 전엔 엄마가 물려준 만년필로 글 쓴 덕분에 작가가 됐다고 하지 않았더냐? 이제 와서 일기장을 일등공신으로 꼽으면 나는 섭섭하다."

딸아이는 웃으며 20년이 훨씬 넘은 일기장을 보물단지처럼 안고 갔다.

내겐 23년을 쓴 만년필이 있었다. 애지중지 아끼던 만년필을 10년 전에 큰딸에게 물려줬다. 처음엔 손에 맞지 않아 어색해하더니 바로 자리를 잡아 잘 쓰고 있다며 내 손에 길들여진 낡은 만년필을 딸아이는 자랑삼아 들고 다녔다.

그 후 나는 여행길에서 큰맘 먹고 만년필 하나를 장만했다. 만년필은 자기에게 맞게 길들여서 나만의 것으로 만들어 쓰는 매력을 가지고 있다. 3년을 공들였는데 손에 잘 맞지 않는다는 핑계로 야금야금 하나둘 사 모은 것이 어느새 일곱 자루가 됐다. 굵은 촉, 중간 촉, 가는 촉을 종류별로 갖춰 놓고 볼 때마다 흐뭇해했지만 23년의 세월은 뛰어넘지 못했다. 화려하고 값진 것들이지만 낡고 볼품없는 33년 전의 그것이 아니었다. 화려하고 값지고 새것이라고 다 좋은 것이 아니라 조금 낡았어도 겸손하게 제 자리에서 제 몫을 다 하는 것이 인정을 받는구나 생각했다. 사람도 다를 바 없다는 생각이 들어 잠시 회상에 잠긴다.

오랜 가구가 좋고 옛사람이 더 그립고 정겨운 건 내 생각일까. 오래된 만년필이 낡고 볼품없어도 제 몫을 다 하는……. 볼품없는 내 겉모습이 아닌 내 속을 쏙 빼닮은 만년필이구나 하며 과대망상 속에 실소를 날려 본다. 오래되고 낡은 만년필에 대한 애착증을 아직도 버리지 못하고 있는 이유이기도 하다.

골동품상 같은 내 집을 둘째 딸이 리모델링을 하자고 제안한다. 미니멀 라이프를 권한다. 불필요한 것들을 정리하고 최소화하라고 한다. 정리하는 과정에서 가장 중요한 것이 무엇인지 찾아서 거기에 충실하고 살면 엄마가 더 행복해지지 않겠냐고 한다. 다 털어 내고 꼭 필요한 것들로 간단하게 살림을 꾸려라? 엄마들 살림이 어디 이론대로만 살아지는 살림인가. 처음에야 모델하우스처럼 살 수 있겠지만 장담할 수 없어 다시 고민에 빠진다. 그래, 버리지 못하고 무조건 끌어안고 사는 것이 나쁜 습관일 수도 있겠다. 좋은 습관을 기르고 내가 좋아하는 것이 무엇인지를 찾아보자. 내게 미니멀 라이프의 첫째 조건은 애착증을 버리는 것이다. 정말 중요한 것을 찾기보다는 내가 가지고 있는 것들을 놓지 못하니 문제다.

내가 할 수 있을까. 과연 묵은 살림을 정리할 수 있을까. 짬짬이 들어가 아이들 물건을 살피는 내가 아이들 방을 없애도 될까. 불필요한 것을 정리하며 정말 중요한 것을 찾는다. 아이들에 대한 기억보다 더 중요한 것이 있을까. 어쩜 나는 더 중요한 것이 생길까 봐 두려워하는지도 모르겠다. 놓아도 될 것을 손에 쥐고 전전긍긍하는 나를 아이들은 이해를 못 한다는 눈치다. 버리지 못하고 끌어안고만 사는 내 생활이 후일 아이들에게 짐이 될 수도 있겠다는 생각도 한다.

아침엔 집안 구석구석을 둘러보았다. 뭘 버리고 뭘 남겨야 하는지 샅샅이 살폈다. 역시 버릴 건 없고 남겨두고 싶은 추억만 깊게 자리하고 있다. 내 애착증의 끝이 어디인지 답을 찾는 날 그때 다시 둘째가 리모델링을, 미니멀 라이프를 권해주길 희망한다. (2016. 9. 9.)

상도(商道)

"사랑합니다. 고객님!"

어리둥절하여 전화기를 들여다본다. 나한테 하는 소린가, 아무리 살펴봐도 전화기 안에는 아무도 없고 낯선 전화번호만 친절하게 남아있다.

휴대전화기를 무료로 바꿔준다는 광고 전화인데 뭘 사랑까지……. 흔하게 걸려오는 전화라서 상대방의 말이 끝나기도 전 내가 먼저 끊었다. 잠시 후 다른 번호로 똑같은 내용의 전화가 또 걸려왔다. 언제 빠져들었는지 솔깃하여 끝까지 듣고 있는 것이 아닌가. 전화기 너머 그 여인은 사람을 홀리는 재주가 있다. 전화기를 팔기 위해 태어난 여인 같다. 그렇게 내 휴대 전화는 새것으로 바뀌었다.

유명 연예인 이름을 들먹이며, 그 사람이 광고하는 최신형 최상품 휴대전화기를 무료로 교환해주는 한 번 뿐인 기회다. 무작위로 추천한 사람 중에 내가 당첨됐다며 마치 이 기회를 놓치면 다시는 새 전화기를 구입할 수 없는 것처럼 이야기한다. 이야기를 들으면 들을수록 빠져든다.

스마트폰을 사용한 지 채 2년도 안 됐는데 난 이미 그것에 길들어 있는 상태, 훨씬 더 편리하다며 꼬셔대는 새 기계의 유혹을 뿌리칠 수가 없었다. 쓰고 있는 전화기의 약정기간이 5개월 남아 있다. 남은 5개월의 할부금을 그들이 다 변상하겠다는 약속을 받았다. 변상금은 계좌이체를 해 준다기에 계좌번호를 알려주려고 하자 첫 요금 고지서가 나간 후에나 결제가 가능하다고 그때 알려달라고 한다. 살짝 의심이 간다.

내 전화기에 찍힌 번호로 확인 전화를 했다. 남자직원이 받아서 내 이름과 전화번호를 먼저 말하며 아주 친절하게 친한 사이인 것처럼 이야기한다. 남은 할부금과 새 전화기의 요금제 및 기계대금 등등을 확인하고 나서야 마음이 놓인다. 흔히 말하는 사기는 아니니까 믿기로 하자. 뭐 손해 볼 것도 없는데, 성능 좋은 새 기계 한 번 써보자 마음먹고 전화로 계약을 했다.

다음 날 새 전화기가 도착을 했다. 3시간 후면 자동 개통이 된다고 어제 그 여인이 친절하게 안내를 한다. 그제야 후회가 된다. 여인한테 홀려서 내 손때가 묻은 전화기를 고장도 나기 전에 버려야 한다는 것을 미처 생각 못 했다. 내가 쓰던 물건은 볼펜 한 자루도 잃어버리면 속상한데 멀쩡한 전화기를 죽이는 건 용서할 수 없다. 돌이킬 수 없는 실수를 내가 했다. 후회를 하는 자는 이중으로 불행하다 했거늘 나를 두고 하는 말이다. 마음이 무겁다.

피쳐폰은 6년을 썼다. 내 부주의로 한 겨울 꽁꽁 언 대리석 바닥에 떨어뜨려 깨졌다. 오래된 기계라서 부속도 없고 고칠 수가 없다 하여 눈물을 머금고 버렸지만, 지금 쓰고 있는 전화기는 말썽 한 번 안 부리고 내 필요에 따라 말도 잘 듣던 놈인데 단칼에 내치려니 미련이 남는다. 정확하게 3시간 후 내 전화기는 먹통이 되고 새 전화기에 벨이 울린다.

"사랑합니다. 고객님!"

개통을 알리는 기계음이다. 새 전화기를 들고 제일 먼저 전화를 한 곳은 어제 전화를 계약하고 개통시켜준 KT 회사다. 친절하던 남자직원도 나를 홀리던 여인도 온데간데없고 어제 통화한 그 번호가 오늘은 없는 국번이란다. 계약 전 확인 전화를 했을 땐 분명 인천의 어느 동 KT 대리점 누구라고 이름까지 알려 줬는데 개통이 된 후엔 없는 국번이라 하니 내가 꿈을 꾸고 있는 건 아닌지 내가 나를 의심한다. 몇 번을 시도했지만 돌아오는 대답은 '없는 국번입니다.'

이럴 수가, 허망하다. 당했다. 계좌이체 해 준다던 변상금은 고사하고 새 기계의 할부금까지 발생되었다. 자신을 믿고 계약해 준 고객을 이렇게 실망하게 하다니 꾼은 꾼이다. 그 사람들 어디서 뭘 먹고 사는지 두 다리 뻗고 잠이나 잘 수 있을까. 요즘같이 대기가 불안정한 날 천둥과 번개가 무섭지도 않나. 아니다. 어쩌면 엊그제 천둥소리 요란하더니 천벌을 받았을지도 모른다.

남은 5개월의 할부금은 위약금까지 거금이 되었다. 어리바리한 내가 비싼 수강료 내고 인생 공부한 셈 치더라도 문득문득 생각날 땐 화를 참지 못하겠다. 화를 낸다고 상황이 달라질 것도 아닌데 왜 자꾸 화가 나는지 화를 다스리는 공부를 또 거금 내고 해야 할 것 같다.

새 전화기로 바꾸고 5개월이 지났다. 내 명령어도 인식하지 못하고 멋대로 반응하는 멍청한 물건. 사진을 찍으려고 카메라를 작동하면 이미 저장된 사진들이 줄줄이 나타나 방해를 한다. 문자 메시지를 보내려고 화면을 불러내면 이전에 보냈던 문자들이 앞 다투어 나타난다. 이래저래 정이 안 가는 물건. 이 기계의 광고 모델이었던 유명 연예인까지 꾼으로 보인다.

개그 프로그램에서 하는 말을 잠시 빌리자면 '우리나라 사람들, 속이거나 속거나 둘 중 하나야!'

최인호 작가가 쓴 『상도』라는 소설이 생각난다. 주인공 임상옥의 상도정신(商道情神)은 조선시대에만 가능한 것이었을까? (2014. 8.)

빚

내가 만든 빚, 요 며칠 새 그 빚 독촉이 심하다.

숨통이 조여 온다. 십오 년 된 빚인데 이젠 더 이상 미룰 수가 없어 정리를 하려고 한다. 정리를 하면 마음이라도 편안할 것을 편안할 마음보다 게으름이 우선이었나 보다. 기회가 왔으니 이번엔 깔끔하게 정리를 해야겠다.

신용대출 해 준다는 전화와 문자는 하루에도 몇 번씩 받지만 조건이 맞지 않아 그나마도 어렵다. 빚이 있는 자는 7월부터 정부(대한재무관리)에서 8,000만원까지 시중보다 낮은 이율로 지원해 준다는 기사도 봤다. 그림의 떡이다. 다행 내가 진 빚은 돈이나 물질이 아닌 마음의 빚이다.

빚 갚을 준비를 한다. 며칠을 생각하고 썼다 지우기를 반복한다. 컴퓨터를 열고 마음을 다잡아 보지만 오래 전 나를 꼼짝 못하게 묶어 뒀던 빚. 그날의 기억만 새록새록 떠오를 뿐, 한 줄의 글은커녕 오랜만에 만났던 낯익은 사람들의 목소리만 귓전을 울린다. 벌써 보고 싶다.

'강원수필문학회 2017' 세미나를 평창에서 한단다. 멀어서 못 가고 바빠서 못 가고 이런 저런 핑계를 대며 불량회원 노릇을 오랫동안 했다. 더 이상 핑계를 댈 것도 없고 이웃동네로 반가운 이들이 온다 하니 덥석 가겠다고 대답은 했지만 백 번도 더 망설여진다. 불쑥 나타나도 나를 알아볼 이가 있을까 누구냐고 되물으면 뭐라고 하지. 가뭄에 콩 심은 농부처럼 걱정을 안고 행사장으로 향한다. 그곳은 향 좋은 원두커피와 따뜻한 사람들이 모여 있는 곳이다. 모두들 반가이 맞아주니 그제야 마음이 놓인다.

세미나 둘째 날의 첫 일정으로 봉평의 아들 이효석 선생님을 만나러 가는 길. 그길 끝에 얌전히 자리하고 앉은 이효석 문학관에는 웃지도 울지도 못할 사연이 묻혀 있다. 내가 빚을 지고 갚지 못해 전전긍긍하는 이유가 이곳에 묻힌 빚 때문이다.

'2002년 효석문화제' 학생 백일장에 중학생이던 두 아이를 데리고 갔다. 학교를 통해 미리 접수를 한 아이들은 인솔자를 따라 다른 장소로 이동을 하고 우두커니 서 있던 내게 안내판의 공고문이 눈에 띄었다. 가까이 가서 보니 일반인 백일장을 안내하고 있다. 현장 접수가 가능하고 당장 입실을 하면 글을 쓸 수 있다기에 넋 놓고 아이들을 기다리느니 나도 참여를 하고 싶었다. 신분증을 보이고 접수증과 원고지를 받아 들고 지금의 영상실로 들어갔다. 콩닥거리는 마음이야 말로 할 수 있으랴. 딸꾹질을 참으며 기다리고 있던 중 긴 족자가 주르륵 펼쳐지더니 시제가 공개됐다.

「빚」, 한 번도 생각해 본 적 없고 입에 올린 적 없는 「빚」이 시제라니 눈앞은 그믐날 밤처럼 캄캄하고 머릿속은 소복소복 쌓인 눈처럼 하얗더라. 손바닥에 흥건한 땀을 손수건으로 닦으며 안절부절 앉았다가 원고지에 한 자도 못 쓰고 백지를 들고 도망치듯 빠져 나왔던 비밀이 그곳에 있다.

장돌뱅이를 털털하게 그리고 동이를 만든 봉평 장터의 이효석. 하얀 소금밭과 물레방앗간의 아찔한 추억을 안겨준 천재 작가의 또 다른 이야기를 옆에서 본 것처럼 술술 풀어내는 문학관 해설사님의 명해설이 귀에 쏙쏙 들어온다. 빚을 지고 돌아와 단숨에 읽어 내려간 책이 '메밀 꽃 필 무렵'이다. 책머리에 소개된 이효석을 보고 아는 척을 했던 나는 선무당이었다. 해설사님의 맛있는 이야기를 들으며 이효석님께 또 다른 빚을 지고 있었다는 생각을 했다.

'빚', 이제는 갚아야 할 때가 된 것 같다. 한 줄도 못 쓰고 앉아 있던 그 자리에 다시 앉아 아무 일도 없었던 것처럼 이효석님의 이야기로 만든 영상을 본다. 글 쓰는 일을 쉽게 생각하고 덤볐던 내게 깊이 반성할 기회를 주었다. 붓 가는 대로 쓰는 것이 수필이라 하지만 붓도 붓 나름이고 그 붓을 누가 잡느냐에 따라 다르다는 것을 알았다. 차라리 백지를 들고 도망치기를 잘했다는 생각을 한다. 그때 그 자리에 앉아 말도 안 되는 글을 주절주절 썼더라면 지금의 나는 없었을지도 모른다. 원고지의 단정한 칸을 채운 것으로 '빚'은 잊고 살았을 테니까 말이다. 그 빚을 갚기 위해 난 늘 마음이 무거웠고 갚으려고 노력도 했으며 때론 겸손하게 때론 조용히 성찰하는 강원수필의 회원인 내가 되었다.

문학관을 나란히 걸으며 내 이야기를 들어준 문우가 있다. 그 친구는 빚을 이야기로 풀어내지 못한 나를 나무라듯 말했다. 부모님께 진 빚, 나도 모르는 사이에 주위 사람들에게 진 빚, 곰곰이 생각하면 온통 빚 천지인데 그걸 왜 몰랐냐고 이야기한다. 그 빚을 몰랐기에 지금 문학관의 잔디밭을 나란히 걸을 수 있다는 걸 그 친구 역시 모르고 있다.

이효석 문학관의 빚, 오랫동안 마음에 품고 있던 빚을 이 글 한 편으로 탕감하기엔 부족하지만, 수필가란 명찰이 내게 있기에 이제는 빚으로부터 자유로워지련다. 빚도 없고 친구도 없을 그곳에 또 다른 추억을 묻어 두고 왔으니 그리운 날 홀연히 해설사님의 명 해설을 핑계로 다시 찾아 가 봐야겠다.

돌이켜 보면 이효석 문학관의 아픈 역사 때문에 난 글쟁이가 될 수 있었다. 2017 평창세미나 덕분에 빚 정리도 마쳤으니 홀가분한 마음으로 『강원수필』 26집을 기다려야겠다. (2017. 7.)

재활용

한 번만 쓰기로 하자. 재활용은 하지말자.

한 번 더 쓰고 싶을 때가 많지만 미련을 버리자. 없으면 없는 대로 필요하면 새것으로 쓰자. 재활용이 나쁘다는 것이 아니라 재활용보다는 새것이 좋고 그냥 새것 보다는 신상이 좋다. 오래된 것과 재활용 정도는 나도 구분이 가능하다. '재활용은 안 하는 것을 원칙으로 한다.'는 나와의 약속은 꼭 지키려고 애를 쓴다.

문제는 게으름이다. 발등에 불이 떨어져야만 뜨거운 것을 알고 급한 것을 아는 게으름이 날이 갈수록 심해진다. 새것을 준비할 여유가 없는 것도 아닌데 급해야 서두르는 버릇을 고치려 하지 않음은 나이 듦인가 믿는 구석이 있음인가. 재활용을 할 수밖에 없는 상황을 핑계가 아닌 이해로 덮으려는 꼼수이기도 하다.

궁하면 통하고 통하면 오래간다고 했다. 극에 달하면 변하고 변하게 되면 새롭게 통하게 된다. 그렇게 통하게 되면 오래도록 이어진다는 뜻이다. 최선을 다해 노력해야 변화가 생기고 변화가 생겨야 비로소 길이 뚫리며 그러한 노력의 결과라야만 오래도록 지속된다는 교훈이다. 변화하는 방법을 찾자는 의미에서 재활용은 하지 말자라는 약속을 한 것이다.

'어! 한 번 읽었던 글인데. 여기 또 실렸네.'

배달된 문학지를 보면 이런 경우가 종종 있다. 동인지의 경우는 재활용이 더 많다. 글을 써 보면 발표할 기회가 그리 많지 않다. 어쩌다 오는 원고청탁서가 반가워 그 자리에서 바로 썼던 기억도 있다. 내가 쓴 글을 발표할 기회가 흔치 않은데 똑같은 글을 재활용 한다는 것은 글을 쓰는 사람으로서 심각하게 생각을 해 봐야 할 과제이다.

'수필가는 많지만 수필다운 글이 없다.'라는 글귀를 본 적이 있다. 얼굴이 달아오르고 가슴에 콕 찔리는 아픔을 느꼈다. 부끄럽다. 수필다운 수필이 뭘까. 붓 가는 대로 쓰는 글이 수필이라 했던가. 어느 분은 독자가 감동 받을 수 있는 글을 쓰라 하고 독자와 함께 걷는 느낌으로 쓰라고 했다. 독자에게 감동을 주는 글? 작가라면 누구나 고민하는 부분이다. 다만 마음대로 안 될 뿐이다. 글은 쓸수록 어렵고 독자는 점점 까다로워진다. 1년에 몇 편 발표하는 글을 수필답지는 못하더라도 최소한 재활용은 하지 말자는 약속을 스스로하고 그 약속을 지키려 늘 고심 중이다.

동인지 편집을 10년 동안 했다. 원고 모으는 일이 쉽지 않다. 어떤 분은 원고 청탁서가 도착하자마자 보내오는가 하면 교정을 앞두고 출판사로 바로 보내는 급한 분도 있다. 사정이야 다 있겠지만 습관처럼 하는 말, 이번에는 꼭 신작을 실으려고 했는데 글 쓸 시간이 없어서 있던 글로 보낼 수밖에 없음을 이해해 달라고 한다. 심지어 동인지에도 같은 글을 두 번 싣는 경우가 있다. 나는 편집만 할 뿐 신작인지 재활용인지는 따지지 않는다. 따질 이유도 권리도 없지만 같은 소리를 해마다 들어야 하는 것이 유쾌하지는 않다.

궁하면 통한다고 했다. 마음먹기에 달린 것이라 생각한다. 누구나 막다른 골목에 다다르면 헤치고 나갈 궁리를 한다. 글쓰기도 마찬가지다. 재활용할 글이 없다면 쓸 수밖에 없다. 재활용을 안 하려면 신작을 만들어내야 한다. 능력은 다 갖추었으니 약간의 노력만 투자하면 글 한 편은 뚝딱 써 내려갈 수 있는 소위 말하는 글쟁이들이다. 재활용이 아닌 신작을 준비하는 마음이 필요한 것이다. 나를 위해 투자하는 시간, 나를 돌아보는 시간이 글을 쓰는 순간이다. 내 생각을 정리하고 정리된 생각을 남에게 전달하는 과정이다. 그 과정을 간과할 수는 없음이라.

최선을 다해 노력해야 변화가 생기고 변화가 생겨야 길이 뚫린다. 내가 노력한 결과라야 오래간다고 했으니 쉽게 할 수 있는 재활용보다 새로운 것에 대한 멋진 도전을 기대한다. 재활용에 재활용이 이어지면 항상 그 자리에 머물 수밖에 없는 안타까운 현실을 우리는 직시해야 한다.

오늘도 원고청탁서를 들고 고민한다. 주제가 정해진 글이니 독자가 감동받을 수 있게 쓰면 될까 붓 가는 대로 써야 하나. 독자와 함께 걷는 마음으로 쓸까. 그냥 사실대로 자유롭게 쓰자. 재활용이 아닌 것에 스스로 만족하자.

변화하는 방법을 하나씩 실천에 옮기며 또 다른 기대와 목표를 정한다. 훨씬 성숙해진 내 모습을 언제쯤 볼 수 있을지 예측은 어려우나 어렴풋이 길은 보인다. 그 길이 없어지기 전 부지런히 걸어 가야겠다.

(2015. 8.)

화장

여자 나이를 비하해서 떠도는 유머가 많다.

'여자 나이가 40이 되면, 50~60이 되면' 하고 적힌 글을 보고 고개를 끄덕인 적이 있다. 화장을 한 사람이나 안 한 사람이나 같다는 정의를 나이에 맞춰 선을 그어 놓은 것을 보고 딱 내 나이구나 생각했다.

여자들은 아름다워야 한다는 고정관념 아래 화장하고 치장도 한다. 아이들이 어릴 때 외출을 하려 하면, 거울 앞에 앉아 있는 나를 보고 현관에 서서 기다리던 식구들이 아우성이다. '엄마, 빨리 가자. 화장 안 해도 예뻐.' 예쁜 게 아니라 더 이상 기다리는 건 지루하다는 말을 아이들은 그렇게 듣기 좋게 해줬다. 그땐 나도 젊었으니까 치장하는 것이 일일 수도 있었다. 호박에 줄을 긋는다고 수박이 되는 것도 아닌데 말이다.

나이 드니 고우시던 친정엄마 생각이 난다. 친정엄마는 화장을 안 하면 대문 밖을 안 나오셨던 분이다. 한겨울에도 항상 단정한 치마를 입고 외출을 하신다. 가까이 있는 우리 집에 오실 때도 꼭 차려입고 일할 때 입을 옷은 가방에 챙겨서 오신다. 살아보니 치장을 하던 엄만 엄청 부지런하신 분이었다.

어느 대통령이 임기를 마치며 이젠 화장을 안 해도 되니 그게 제일 좋다고 하는 이야기를 방송으로 들었다. 화장은 번거롭고 귀찮지만 때로는 자존감을 높이고 상대방으로부터 호감도도 높이는 효과가 있다. 특히 외모를 중요시 여기는 현시대에 여자에게는 화장이 필수이고 치장도 고운 심성보다 우선일 때가 있다.

그러다 보니 성형외과는 문전성시를 이루고 방학이면 넘쳐나는 학생들로 대목을 맞는다고 한다. 자연미인이라는 말이 생겨날 정도면 성형미인이 얼마나 많은지 짐작이 가는 대목이다.

세미나를 핑계로 하룻밤 외박을 했다. 처음 뵌 분과 같은 방을 쓰게 되었다. 일정을 마치고 숙소에 들어가 우두커니 앉아서 그분이 먼저 씻고 나오길 기다렸지만 씻을 생각을 않으신다. 기다리다 못해 먼저 씻길 권했지만 이미 씻었다며, 모른 척 방으로 들어갈 수 없어서 인사나 하고 자려고 내가 잘 시간을 기다리고 있던 중이란다. 얼굴은 낮에 본 그 모양 그대로인데 세수를 했다는 것이 믿기지 않았다. 그분은 문신처럼 영구 화장을 하고 피부도 꾸준히 관리를 받아서 화장을 따로 안 해도 한 것처럼 곱다고 했다. 말로만 듣던 영구화장을 내 눈으로 확인한 날이다. 성격은 얼굴에서 나타난다고 했거늘 얼굴을 고치면 성격도 고쳐질까. 갑자기 궁금해진다.

내 얼굴에는 점이 많다. 언제 생겨나서 이렇게 많아졌는지 정확하게 모르지만 코밑에 점 하나는 사회생활을 시작하면서부터 내가 인지를 했다. 점점 커지는지 이제는 얼굴에 점부터 보인다. 만나는 사람이 10명이면 5명은 빼라고 한다. 내 신체의 일부를 다른 사람이 이래라저래라 하는 것이 불쾌하지만 외모를 중시하고 고치며 사는 사람들은 점을 달고 사는 내가 답답할 수도 있겠지. 딱 한 번, 어떤 분이 점을 빼지 않는 내 개성을 존중한다는 이야기를 해줬다. 상대를 존중하고 예의를 지킨다는 것이 저런 것이구나. 그분은 내게 잘 보일 이유도 아첨을 떨 이유도 없는 사람이다. 그분은 올바른 인성의 소유자라 생각했다. 그분의 말 한마디에 묻어나는 고운 심성이 나를 편안하게 했다.

최근 새 정부는 '블라인드 채용'에 나섰다. 출신지, 가족, 출신학교, 학력, 학점 등을 묻지도 따지지도 않고 실력 중심으로 사람을 평가하자는 뜻이다. 제발 그렇게만 된다면 수저 논란도 없을 것이며 대물림 또한 없어질 것이다.

인상 좋은 사람, 말 잘하는 사람이 우선은 유리할 것이라는 걱정이 돌며 명문대를 나온 취준생들의 반발이 거세지만 이해는 간다. 어느 것이 맞을까 명문대 아들을 둔 엄마로서 다소 걱정이 된다.

외모로 판단할 수 있는 생김새나 말솜씨보다는, 영화배우처럼 잘생긴 외모는 아니더라도 업무를 처리할 수 있는 능력이나 사회구성원으로서의 인성을 높이 평가한다면 블라인드 채용도 반길 만하다. 시험 날 재수가 좋으면 100점을 맞을 수 있지만 올바른 인성을 갖춘다는 것은 어느 날 갑자기 되는 것이 아니다. 그 사람의 됨됨이가 제대로 평가 되고 교언영색(巧言令色)을 가려내는 '블라인드 채용'이 되길 기대한다. 외모로 고통받는 사람이 있어서도 안 되며 외모가 그 사람의 가치판단 기준이 되어서는 더욱 안 된다.

최고기온이 연일 기록을 깨는 7월 초복 무렵. 습도도 높고 끈적끈적한, 낮의 최고기온이 35도가 넘던 날이다. 화장기 없는 얼굴로 교실에 들어섰다. 아이들과 인사를 나누고 막 수업을 시작하려는데 한 여학생이 큰 소리로 말을 한다. '선생님, 오늘은 왜 화장을 안 하셨어요? 우리를 무시하는 건가요?'

순간 당황하여 두 손으로 얼른 얼굴을 감싸고 잠시 뒤에 그 학생을 향해 살며시 웃어줬다. 무시해서가 아니라 너무 더워서 금방 씻고 왔노라 변명을 했다. 사실은 내 나이가 화장을 한 사람이나 안 한 사람이나 똑같다 해서 오늘은 화장을 안 했다고 솔직하게 말을 못 했다. 아이들 눈에는 아직 화장을 했을 때와 안 했을 때가 구분이 되는 모양이다. 다행인가? 다시는 구차한 변명은 하지 말아야겠다.

「알. 쓸. 신. 잡 알아두면 쓸데없는 신비한 잡학사전.」 요즘 내가 즐겨보는 프로그램이다. 알아두면 유익한 많은 이야기들을 하는 프로그램이어서 좋아한다. 그러나 정말 알아두면 쓸데없는 여성비하 유머. 화장을 해도 안 해도 다를 것 없는 나이라는 말에 내 나이를 스스로 비하하고 자신을 포기하며 내가 나를 무시했었다. 그깟 화장이 뭐라고 가면을 쓰고 살면서 말이다.

오늘, 빨갛게 입술을 바르고 무릎까지 청치마를 입고 교실에 들어선 나를 향해 아이들은 소리를 지른다. '와! 할머니 선생님이 오늘은 그냥 선생님이다!'

(2017. 7. 13.)

편견

손글씨를 예쁘게 쓰는 아이가 있다.

사각사각 연필 닮는 소리가 좋아서 글씨 쓰기를 즐겼다는 어린아이는 성인이 된 지금도 그 소리에서 벗어나지 못하고 손가락에 굳은살이 박이도록 글씨를 쓴다. 자판을 두드리는 소리보다 연필 닮는 소리를 즐기는 아이. 손편지인지 인쇄물인지 구분이 어려울 만큼 예쁜 글씨를 쓰는 딸아이의 이야기다.

내겐 오래된 만년필 한 자루가 있었다. 글씨를 쓸 때마다 연필 닮는 소리를 내며 예쁜 글자를 만들어내는 요술 펜이었다. 그 펜에 싫증이 날 즈음 손글씨를 잘 쓰는 딸아이 생각이 났다. 마침 마음에 두고 있던 만년필이 있었던지라 28년 동안 쓰던 연필 같은 만년필을 큰딸에게 물려주고 새로 하나 장만했다. '너도 28년을 쓰고 네 아이에게 물려 주라.'는 메모와 함께 딸에게 보냈다. 여전히 사각거리며 글씨를 만들어 내는지 눈에 익은 글씨의 편지가 우리 집 우체통에 자주 꽂힌다. 길이 잘 든 만년필 덕분에 생크림 같은 손편지를 받아 읽는 호사를 누린다.

한가한 휴일 오후, 아이들이 쓰던 책상 서랍을 정리했다. 사용 가능한 볼펜이 30여 자루가 나왔다. 기념품으로 받은 것, 선전용 문구가 적힌 것, 아이들이 각자 자기 취향에 맞게 구입했던 것, 모양도 색깔도 각양각색이다. 버리기 아까워 작은 상자에 넣어 보관 중이다. 상자를 볼 때마다 저 많은 펜을 언제 다 쓰지 걱정도 해 본다. 상자를 열고 예쁘고 고급스러워 보이는 펜 하나를 골랐다. 손에 잘 맞지 않아서인지 사각사각 소리가 안 나서인지 글씨가 거칠고 모양이 없다. 예쁘고 고급스러운 펜, 겉모양만 마음에 든다. 버리기에는 그래도 아까운, 그래서 다시 상자에 넣는다. 이것저것 다 써 봐도 도긴개긴이다.

새로 산 만년필도 모양은 예쁘고 날씬한데 글씨가 거칠다. 28년을 쓰면 손에 맞을까, 글씨가 예뻐질까. 그렇게 기다리기에는 너무 긴 시간이다. 또 다른 펜 하나를 샀다. 사고 또 샀다. 7년 동안 여덟 자루의 만년필이 생겼다.

큰딸과 협상 끝에 여덟 자루의 만년필과 7년 전 내가 줬던 한 자루를 바꾸기로 했다. 그렇게 만년필을 돌려받았다.

만년필의 펜촉은 누가 쓰느냐에 따라 일주일만 써도 전혀 다른 펜으로 바뀔 수 있지만 새 만년필을 내 것으로 못 만든 건, 딸에게 준 낡은 만년필에 대한 미련 때문이었을 것이다. 세상에서 오직 나만의 펜을 갖는다는 것, 만년필에는 빛바랜 추억이 있고 그 안에 나만의 흔적이 있음은 거부할 수 없는 사실이었다.

35살 된 만년필에 잉크를 채웠다. 손에 딱 맞고 여전히 글씨도 잘 써졌다. 다시 내 손에 들어온 만년필, 35년 전의 나를 보는 듯 잠시 추억에 잠겼다. 1983년, 직장생활 7년차, 모 기관의 경리 담당관이었던 분이 발령받아 가면서 그동안 고마웠다는 인사와 함께 주고 간 만년필이다. 당시 나는 NH은행에서 각 기관의 세입세출 업무를 맡고 있었다. 어마어마한 선물이었지만 그땐 뇌물이라는 말을 감히 쓸 줄도 몰랐고, 쓰지도 않았을 때였으니 얼마나 다행한 일인가. 되찾은 만년필을 보니 그 시절의 아름다운 이야기들이 실타래 풀리듯 끝없이 이어진다. 봄 햇살처럼 포근하고 화사한 기억들이 내 안에서 살포시 자리를 잡는다. 행복했던 날들을 그리워하는 것보다 더 큰 고통은 없다지만 그날이 있었기에 추억이라는 말도 낭만이라는 말도 있다.

비록 겉모양은 낡고 벗겨지고 볼품없지만, 글씨는 여전히 잘 써진다. 나는 무엇이든 겉모양만 보고 쉽게 판단하는 버릇이 있다. 사람도 깔끔한 겉모양을 좋아한다. 뭔지도 모르면서 명품이라면 더 호감이 간다. 음식도 화려한 색깔을 보고 결정하는 경우가 많다. 찻잔이나 그릇도 쓰임새보다는 겉모양을 중히 여기는 경우가 종종 있다. 그 때문에 실수도 많이 한다.

새 옷이라고 다 좋은 것은 아니다. 낡은 옷이 편할 수 있듯이 내게 만년필은 입어서 편안한 낡은 옷 같은 것이다. 허물없는 오랜 친구와도 같다.

35년 된 펜을 돌려받으며 겉모양만 중히 여기는 못된 버릇을 고쳤다.

낡고 볼품은 없지만 늘 제자리에서 제 몫을 다 하는 35살 만년필처럼 나도 그렇게 살고 싶다.

'주름살? 있으면 어때. 뱃살? 그것도 좀 있으면 어때. 그보다 더 중요한 것이 무엇인지 알고 살면 되지.' (2018. 11.)

숨어 우는 바람소리

훨훨 먼 곳으로 날아가거라.

이 세상과 연을 끊었으니 고통 없는 세상으로 빨리 뛰어가렴. 이승에서 널 괴롭히던 몹쓸 질병들 단칼에 잘라버리고 좋은 기억들만 안고 좋은 세상으로 가려무나.

친구의 부고를 받았다. 믿기지 않았지만 믿으려 애를 썼다. 그래야 그 친구도 떠날 수 있을 거라는 생각이 들었다. 그녀가 유방암 완치판정을 받던 날 친구들이 모여서 내 일처럼 기뻐하고 손바닥이 얼얼하도록 박수를 치며 좋아했다. 그날의 기억이 아직도 생생한데 그녀는 친구들의 배웅을 받으며 서둘러 이승을 떠났다. 고통 속에서 벗어나길 바랐지만, 그 바람은 이게 아닌데…….

새벽, 그녀가 잠들어있는 병원으로 달려간다. 형형색색 고운 길에 비가 내린다. 붉게 물든 가을 산에 소리치며 내리는 차가운 빗줄기가 나를 슬프게 한다. 인생을 사계절 위에 놓고 보면 지금 내 나이는 가을쯤이라. 한창 아름다운 가을 산에 차디찬 빗줄기는 반가울 리가 없다. 라디오에서 노래가 나온다. 숨어 우는 바람소리. 쓸쓸하다.

그녀는 노래를 잘 부른다. 생전에 즐겨 부르던 노래가 「숨어 우는 바람소리」다. 소름이 돋는다. 하필이면 그 노래가……. 아픈 내색하기 싫어 혼자 숨어서 울었을 그녀를 생각하니 가을바람이 내 몸을 스치는 것 같다. 그녀는 저승길에서도 이 노래를 부르나. 슬픈 바람소리가 빗줄기를 몰고 차창을 스친다.

병원에는 친구들로 가득하다. 임종을 본 친구들이 퉁퉁 부은 눈으로 조문객을 맞는다. 사진 속 그녀는 환하게 웃으며 인사를 건넨다. 고맙다고 말하는 아들에게서 그녀를 본다. 엄마를 닮았구나. 미련하게 참는 건 닮지 마라. 그 아들과 맞잡은 손등 위로 뜨거운 눈물 한 방울이 뚝 떨어진다.

단풍이 익기 시작하는 날, 그녀가 요양 차 고향을 찾아왔다. 어릴 적 친구도 학교도 살던 동네도 화사한 햇살마저 그녀를 반겼다. 가을을 유난히 좋아했던 그녀가 가을날 고향을 찾은 데는 이유가 있다. 그녀는 학창시절에 나뭇잎 모으는 것이 취미였다. 책갈피 갈피마다 단풍잎과 은행잎을 차곡차곡 넣어두고, 겨울이면 마른 잎에 예쁜 글귀를 적어 친구들에게 나눠 주었다. 성인이 되어서도 난 곱게 물든 단풍잎을 보면 그 친구가 생각났다. 고향을 찾은 그녀는 붉게 물든 가을 산을 쳐다보며 어린 시절의 추억에 잠겨 하루하루를 기적처럼 살았다.

어느 날, 그녀는 내게 단풍놀이를 가고 싶은데 함께 가 달라고 했다. 요리조리 일정을 피해도 이틀 후에나 가능했다. 그렇게 약속을 하고 이틀 후, 아침에 문자 하나가 들어와 있다. 그녀의 문자다. 약속을 못 지키게 되어 미안하다는 내용이다. 무슨 일일까 궁금했지만 깊이 생각 않기로 했다. 후문에 그녀는 그날 구급차로 병원에 후송되었단다. 곧 낫고 돌아오려니 했는데 영영 못 올 길을 가고 말았다. 난 친구를 잃었다. 내 마음에 큰 빚을 지우고 그녀는 떠났다. 사진 속에 웃는 모습이 그날 내게 단풍놀이를 청하던 때의 모습 같아서 마음이 무거웠다.

단풍나무 붉게 물든 길을 그녀와 함께 걷지 못한 것이 내내 마음에 걸린다. 책갈피에 끼워 둘 단풍잎이 필요했던 그녀의 마음 하나 읽지 못한 내가, 친구이긴 한 걸까. 숨어 우는 친구라는 걸 잠시 잊고 있었다. 친구야! 너처럼 내가 널 먼저 생각했어야 되는데 난 왜 그걸 못했지? 미안하다. 너와의 이별이 이렇게 가까이 있었는데 우리는 아무도 모르고 있었다. 서둘러 떠난 세상, 고통 없는 또 다른 세상에서 좋은 친구 만나 예쁜 곳으로 단풍놀이 가렴.

영정 앞에서 친구들은 저마다 못 다한 이야기를 한다. 사연도 많고 이유도 많다. 홀로 가는 먼 길이지만 많은 친구들이 배웅하니 외롭지는 않을 것 같다. 친구야 가다가 힘들면 쉬어가고 아프면 아프다고 말하렴. 가는 길에 빨간 단풍잎도 노란 은행잎도 주워서 친구들에게 소식 전하렴. 이젠 숨어서 우는 건 안했으면 좋겠다. 단풍이 빨갛고 예뻐도 바람소리는 슬프다. 그 건 너처럼 숨어서 울었기 때문일 거야.

툭 터놓고 이야기할 수 있는 친구가 하나쯤은 꼭 있어야 한다고 이구동성

입을 모은다. 속에 있는 말 다 털어놓고 한바탕 웃을 수 있는 그런 친구가 가까이에 있음은 큰 복이란다. 만병의 근원이 스트레스라고 하니 즐겁게 사는 것이 명약이고 방법이다. 내게 명약을 처방할 친구가 있나 뒤돌아본다. 함께 단풍놀이 갈 친구는 있나 손꼽아 본다. 숨어서 울지 않을 자신은 있나 생각해 본다. 아플 때 아프다고 소리칠 용기가 내게 있을까. 연습하자 속으로 되뇌자. 아프면 아프다고 말하고 슬프면 슬프다고 말하자. 숨어서 우는 일은 하지 말자.

'숨어 우는 바람소리'

곧 있을 동창회에 그녀를 대신해서 이 노래를 불러줄 친구가 있을까. 숨어 우는 바람소리처럼 살다 간 그녀를 위해 우린 다 같이 불러야 할지도 모른다. 그렇게 노래가 끝나면 빨간 단풍잎에 편지를 써서 그녀에게 날려 보내리라. 네가 없는 가을에도 단풍은 고왔노라고.

– (『수필문학』 2013. 11.)

5부

별이 잠든 강 언덕

별이 잠든 강 언덕

무쏘 한 대가 내 앞에서 멈춰 선다.

창문이 열리더니 검은색 선글라스를 쓴 덩치 큰 사람이 얼굴을 내밀고 소리를 지른다.

"빨리 타! 시간 없어."

얼떨결에 올라타고 그들을 따라간다. 좁은 길을 털컹털컹 먼지를 날리며 달린다. 마주 오는 차를 만나면 밭두렁에 차를 세우고 길을 비켜 줘야 하는 시골길이다. 어디를 가는지 물어볼 겨를도 알려 줄 경황도 없이 눈은 이미 가을 들판에 반해 분주하게 움직인다. 뽀얀 햇살이 내려앉은 농촌의 한낮은 고요하고 포근하고 평화롭다. 잘 익은 곡식들이 추수를 기다리며 한가하게 오후를 즐기고 있다.

빨간 벼슬과 긴 꼬리가 멋스러운 수탉이 암탉 몇 마리 거느리고 산책길에 올랐다. 튼실한 토종닭을 보니 시장기가 요동을 친다. 점심시간이 훨씬 지났으니 뭔들 안 먹고 싶겠냐만은 이런 내 사정을 무쏘는 아랑곳하지 않고 달리고 또 달린다. 산을 따라 돌고 계곡을 지나 조그만 잠수교를 건넌다. 또다시 산을 돌고 물을 건넌다.

길가에 주차를 하고 목적지에 도착했으니 내릴 사람은 내리라고 한다. 털컹거리며 정신없이 달려온 길이지만 누렇게 익은 가을 들판과 성큼성큼 내려오는 단풍을 품에 안으니 부자도 부럽지 않다. 서너 평 보이는 파란하늘을 본다. 사방이 높은 산으로 둘러싸인 곳에서 멋진 계절을 만난다. 가을이다.

무쏘의 주인은 정선을 정선사람보다 더 잘 아는 여인이다. 그 여인이 강제로 나를 태우고 온 곳은 물매화가 피는 곳이다. 고산지대 볕이 잘 드는 습지에서 자생하는 물매화는 개체 수가 적고 만개하는 시기 또한 늦고 짧아서 보기 힘든 꽃이라 한다. 그 귀한 꽃을 보여주기 위해 그 여인은 한 마디 말도 하지 않고 손수 운전을 하여 먼 길을 달려온 것이다.

강을 건너 순백의 물매화를 만나러 간다. 강물은 차마 맑다는 소리도 못하겠다. 하늘 빠진 강물에는 구름의 표정까지 보이는 투명한, 갓 세공한 다이아몬드라면 그렇게 빛이 날까. 맑고 투명한 물이 햇살을 받아 반짝인다. 강 건너 있는 물매화를 보기 위해 미안하지만 어쩔 수 없이 물속에 발을 담그고 도강을 한다. 찬 물에 발이 꽁꽁 얼어 감각이 없다. 호호 불며 비비며 녹여보지만 헛수고다.

물매화 군락지 덕산기(정선읍)에 도착했다. 너비 2cm 정도의 작은 꽃이 하얗게 피어있다. 간밤에 잔별이 내려와 이끼 위에 흩어져 잠자고 있는 줄 착각했다. 초원의 기린이라 불리는 물매화는 바위 틈새에 이끼를 깔고 기린 목처럼 잎자루를 길게 빼고 줄기 끝에 한 송이씩 위쪽으로 피워 올린다. 다섯 장의 하얀 꽃잎과 다섯 조각의 초록색 꽃받침이 조화를 이룬 귀엽고 사랑스러운 애기 꽃이다. 잎자루가 10cm~30cm 정도, 가늘고 긴 것이 물매화의 또 다른 매력이다.

별천지에 내가 서 있다. 하늘의 구름도 만져질 듯 높은 곳에서 별을 만난다.

초록색 카펫 위에 곤히 잠든 하얀 별을 본다. 둥근 꽃잎 위로 햇살이 배시시 눈을 감는다. 잔별도 햇살도 잠에서 깨어날까 숨을 죽이고 까치발로 살금살금 별천지를 빠져 나온다.

누렇게 익은 콩밭 사이로 무쏘가 다시 달린다. 언제나 주인의 손길이 닿을까 고개를 숙인 수수가 밭에서 졸고 있다. 추수를 앞둔 농촌에 부족한 일손을 돕기는커녕 한가하게 꽃 타령이나 하는 한심한 추녀(秋女)로의 변신이다. 미안타 가을아. 고맙다 자연아!

카메라에 담아 온 물매화를 컴퓨터에 쏟아 놓는다. 별들의 잔치가 열렸다.

순백의 고운 자태 함초롬 피어있는 모습이 경국지색(傾國之色)에 비유가 될까. 임금이 혹하여 나라가 기울어져도 모를 정도의 미인이라 하여도 물매화의 고운 모습과는 비교할 수 없음이라. 아기별들의 잔치에서 자연의 위대함을 새삼 느낀 한가한 가을날의 멋진 오후였다. (2010. 10. 8.)

어느 작가의 아름다운 뜰

실개천을 가로지르는 다리를 건넌다.

다리를 건너면 철도 건널목이 있는데 그곳에는 무시무시한 경고 팻말이 붙어있다. 차를 타면 순식간에 지나가지만 지날 때마다 기적소리가 들리고 기차가 내게 달려오는 것만 같아서 살피고 또 살핀다.

철길을 건너 꼬불꼬불 농로를 따라 올라간다. 좁은 입구와는 달리 크고 작은 밭들이 이마를 마주대고 다닥다닥 붙어있다. 병풍처럼 둘러진 산새 또한 일품인 곳에 예쁜 뜰이 있는 집 한 채가 살포시 앉아있다.

마당 가득 발 디딜 틈 없이 봉숭아가 피어있다. 해 질 녘 꽃망울을 터트리는 분꽃은 달님의 친구였던가. 빨간 카펫을 깔아 놓은 듯 황홀한 밭가에서 까치발로 조용조용 꽃잎을 줍다 보니 안채에서 집주인의 인기척이 들린다. 나쁜 짓을 한 것도 아닌데 제 발 저린 도둑처럼 화들짝 놀란다. 칠척장신 해바라기가 나를 보고 웃는다.

맘씨 고운 집주인은 찾아오는 손님을 위해 봉숭아를 심고 색깔 고운 분꽃을 돌본다. 온갖 푸성귀를 가꾸며 길손을 기다린다. 상추 한 포기 호박 하나, 풋고추 한 봉지에 잘 익은 토마토까지 지나는 사람마다 양손 가득 들려 보내야 직성이 풀리는 분이다. 주먹만 한 봉숭아도 푸성귀 못지않은 인기를 얻고 있다.

그곳에 가면 친정집처럼 마음이 편안하다. 정작 내 친정은 농가가 아니었는데 처음 가 본 그 댁에서 그런 편안함을 느낀다. 나뿐 아니라 문협 모든 회원들의 친정집 노릇을 톡톡히 하는 곳이다. 그곳에는 마음씨 좋은 작가 한 분이 살고 계신다.

봄이면 뾰족뾰족 올라오는 쑥을 뜯고 달래랑 냉이를 캔다. 새콤달콤 무쳐 먹는 민들레 순은 보약 중 보약이라. 고사리, 곤드레가 내 눈에도 띄니 신기하고 재밌는 세상을 새삼 맛본다. 하루해는 짧고 써야할 일기는 날마다 길어만진다.

그곳에 가면 날이 바뀌고 달이 바뀌며 계절이 바뀌는 것이 눈에 보인다. 아주 조그만 씨앗이 떡잎 두 개를 달고 힘들게 버티는가 하면 어느 날은 한 뼘 이상 자랐다가 어느 날은 내 키만큼 훌쩍 크고, 바람이 한 번 불면 잎을 떨어뜨리고 씨앗을 날리며 말라간다.

떡잎을 떼고 겨우 모살이를 끝냈던 호박이 이제는 흙이 안 보이도록 덩굴을 치고 주렁주렁 열매를 맺으니 햇살과 바람은 천금보다 값진 것. 농사는 하느님과 동업이라는 말을 빨갛게 익는 고추가 증명한다.

씨앗을 뿌리고 꽃을 피우고 열매를 맺기까지 작물들은 주인의 발자국 소리를 듣고 자란다고 한다. 정성과 열정이 흥망을 결정짓는 열쇠라니 주인의 속은 이미 새카맣게 타서 재가 되었을 것이다. 늘 웃으며 반갑게 맞아 주는 선생님, 욕심 없이 다 퍼주는 손길이 고마워 한 아름 얻어오지만 먹을 때마다 볼 때마다 죄송한 마음은 지울 수가 없다.

커다란 들깨 밭머리에 500년 된 밤나무 두 그루가 서 있다. 탱글탱글 알밤 익는 소리가 마당까지 들린다. 추석이 가까워져 옴을 밤나무가 말해준다. 마주 선 대추나무 대답이라도 하듯 불긋불긋 알알이 색을 입힌다. 자연은 참 신비롭고 아름답다. 껑충 높아진 하늘을 보고 또 한 번 놀란다. 어느새 계절이 가을에 와 있다.

비우고 채우는 것을 알았다. 양손에 쥐고도 모자라 입에 물고 있는 것이 아니라, 속까지 비워주고 마음을 가득 채우는 따뜻함을 배운다. 내가 원하는 대로 될 수 없음을 알아간다. 다만 그것을 위해 노력하며 사는 모습을 닮는다. 때를 기다리는 여유를 얻는다. 씨앗을 뿌리고 기다릴 줄 아는 인내심도 그 집 뜰에 터를 잡았다.

초를 다투듯 빠른 손놀림에도 농사일은 산더미처럼 쌓여 있고 주인의 손길을 기다리는 작물들이 목을 빼고 있지만 그 집의 예쁜 뜰은 늘 한가롭고 편안하다. 조잘조잘 햇살이 쉬어가는 마당 끝에서 엄마를 만날 수 있다면 얼마나 좋을까. 꿈에도 못 본 친정엄마를 그 집 뜰에서 찾는다.

들깨가 여무는 깊은 가을날. 챙이 넓은 모자를 쓰고 통이 넓은 바지를 입고 봉숭아 꽃 떨어진 자리를 찾아오리라. 자루를 잡아 달래도 좋고 들깨를 자루에 퍼 담으래도 좋다. 농부 아닌 농부처럼 비우고 채우는 방법을 배워 가리다. 원하는 것을 위해 노력하는 모습을 닮을 수 있다면 내 가을을 다 내어준들 어떠하리. 가을날의 일기도 길어만 진다. (2015. 9.)

젊은 소나무

끈적끈적한 바람이 온 몸을 휘 감는다.

칠흑 같은 어둠이 물 위에 떠 있고 갑판 누르는 짭짜름한 냄새가 바다 한 가운데임을 알려줄 뿐 아무것도 보이지도 들리지도 않는다. 시간은 이미 자정을 넘기고 있지만 물결 따라 출렁이는 오하마나호는 내 멀미 따위는 안중에도 없나보다. 불빛 한 줄기 없는 망망대해를 잘도 달린다. 울렁거리는 속을 달래볼까 갑판위로 나갔지만 별 하나 보이지 않는 캄캄한 밤하늘이 깊은 바다보다 더 깊게 다가와 공포감만 안겨준다.

수필문학 하계세미나. 20회를 기념하기 위한 특별 세미나가 있는 날이다. 며칠 전부터 집안 구석구석 안 하던 일까지 다 찾아서 해 놓고 아침 일찍 서울로 가는 버스를 탄다. 지하철과 시내버스를 교대로 갈아타고 인천 여객 터미널에 도착한다. 크루즈 선상에서 해넘이 해맞이를 하고, 와인 잔을 높이

들고 하늘 빠진 파란 바다를 보며 환상의 섬 제주까지 여유롭게 가는 야무진 꿈을 꾸며 승선을 기다린다.

승선권 B-4-D. 서너 평 남짓한 공간에 침대가 8개. 숨도 마음 놓고 크게 쉴 수 없는 공간에 짐을 정리하고 세미나실을 찾아간다. 「쉼 그리고 삶」 제주의 자연과 인물에 대한 자료가 빼곡히 적힌 책자를 나눠준다. 그 책 속에는 추사 김정희 선생의 이야기가 있다. 눈이 번쩍 뜨인다. '세한도'……. 내가 얼마나 좋아하는 그림인가. 그분이 제주로 유배되었을 때 거처하던 그 언저리라도 가보고 싶어했던 나의 작은 바람이 곧 이루어질 것이라 생각하니 뱃멀미도 순간 사라지고 입은 지게에 실린 바수가리만 해진다.

선상에서 아침을 맞는다. 구름에 가려져 아쉽게도 일출은 볼 수 없지만 고요한 아침바다가 살포시 내 품을 파고드니 그대로 한 편의 시가 되고 수필이 되고 멋진 그림이 그려진다. 멀리 제주도를 보며 따끈한 차 한 잔을 주문한다. 섬이 가까워질수록 커피 향은 점점 짙어진다. 흙냄새가 날아옴인가.

제주에 도착하여 추사관을 찾았다.

김정희 선생이 1844년에 그린 '세한도'가 입구에 크게 걸려있다.

'세한도'는 쓸쓸한 화면에 여백이 많아 겨울바람이 휩쓸고 지나간 듯 황량한 느낌이 드는 그림이다. 집 한 채와 나무 네 그루뿐이지만 그 그림에는 역경을 이겨 내는 선비의 올곧고 꿋꿋한 의지가 담겨 있다고 한다. 그림 속의 반듯한 집은 추사체의 산실이며 이것은 집이 아니라 추사 자신이었다. 집을 그린 묵선은 조금도 허둥댐이 없이 차분하고 단정하다. 집 주인인 김정희를 상징하듯 외양은 조촐하고 볼품이 없으나 속내는 도도하고 강철 같다. 넓은 벽은 듬직하며 가파른 지붕 선은 기개를 잃지 않았다. 우뚝 선 아름드리 늙은 소나무의 뿌리는 대지에 굳게 박혔고, 한 줄기는 하늘로 솟았는데 또 한 줄기가 길게 가로로 뻗어 차양처럼 집을 감싸고 있다. 그 옆에 곧고 젊은 소나무가 있다. 이 나무가 아니면 집은 그대로 무너졌으리라. 변함없는 푸른 소나무. '이상적'을 생각함이 아닐까.

이상적은 추사의 제자로 한결 같은 사람이다. 멀리 베이징에서 사들인 귀한 책들을 해마다 잊지 않고 천리 바다건너 스승께 보냈다.

"권세와 이득을 바라고 합친 사람은 그것이 다해지면 교제 또한 성글어진다고 했거늘 그대는 어찌 겨울에도 시들지 않는 소나무 잣나무처럼 변함이 없는가?"

추사가 이상적에게 한 말이다.

추운 시절 그린 그림 세한도. 그 제자(이상적)의 고마운 마음에 감격해 뼛속 깊이 새겨진 뜻을 그려낸 작품이라고 추사는 썼다.

나는 세한도 앞에 꼼짝 않고 서 있다. 솔잎 하나하나를 세고 또 센다. 나무의 위치와 생김생김을 머릿속에 담는다. 지붕을 그리고 창문을 그린다. 거친 붓질의 마당을 눈에 담는다. 스스로 지켜나갈 길을 묵묵히 걸었을 추사를 생각한다. 따스한 정이 느껴진다.

제주에서 추사를 만나고 인천으로 가는 배를 탄다. 노을이 물든 하늘가에 젊은 소나무를 눈으로 그려 넣는다. 나도 누군가에게 젊은 소나무이고 싶다. 욕심일까.

돌아와 먹을 갈고 화선지를 펼친다. 세한도의 젊은 소나무를 그리려 붓을 들지만 아직도 배 멀미가 가시지 않았는지 이렇게 설레는 마음과 울렁거림은 뭘까. (2010. 8. 2.)

그림바위 아트페스티벌

그 남자는 알몸이다.

사람들이 많이 모인 잔디밭에 자신 있게 벗고 서 있다. 깜짝 놀라 두 손으로 얼굴을 가리고 엉성한 손가락 사이로 남자를 은근히 훔쳐본다. 젊은 남자의 알몸을 가까이에서 살펴보기란 처음 있는 일인지라 호감이 간다. 숨을 몰아쉬며 급히 두 눈에 담는다.

그 남자는 훤칠한 키에 깔끔한 피부, 잘생긴 앳된 얼굴에 매끈한 몸매를 가지고 있다. 긴 머리에 굵은 웨이브가 알몸을 돋보이게 한다. 머리카락처럼 새카만 음모도 예술이다. 얼굴을 가리고 있던 내 두 손은 어느새 팔짱을 끼고 그 남자에게 눈을 고정 시키고 있다. 동작 하나하나를 놓칠세라 유심히 들여다본다. 몸놀림이 매혹적이고 움직이는 선이 큼직하다.

잠시 후 알몸을 한 여자가 남자 곁으로 다가선다. 아담한 키에 탱탱한 젖

가슴을 가진 그녀는 부리를 비비며 파고드는 어린 새처럼 남자 품에 안긴다. 말없이 주고받는 표정과 우아한 몸짓, 눈을 크게 뜨고 일거수일투족을 주시한다. 은밀한 곳에서의 남녀 알몸은 성의 또 다른 유혹이지만, 수많은 사람들이 보는 앞에서 당당하게 벗은 몸은 성(性)을 초월하는 예술이다.

그림바위(畵巖)아트 페스티발 '누드 크로키 퍼포먼스'

두 명의 모델이 알몸으로 열연을 하고 있다. 익숙하지 않은 장면에 얼굴이 화끈거린다. 내 알몸을 보여 주는 것도 아닌데 버릇처럼 옷깃을 여민다.

보통사람들은 옷을 입고 일을 한다. 일에 따라 옷차림이 달라지기도 한다. 그들은 알몸으로 일을 하는 사람들이다. 벗은 몸을 남에게 보여주기 위해 많은 노력과 시간을 투자하여 자신의 몸매를 가꾼다. 값비싼 옷으로 알몸을 감싸고 화장품으로 덕지덕지 분장을 하는 우리와는 분명 다르다.

옷 속으로 몸을 숨긴 우리는 알몸으로 자연을 연출하는 그들보다 얼마나 더 진실하다고 말할 수 있을까. 예술을 이해하기보다 알몸을 구경하고 서 있는 내가 도리어 우습다. 언제쯤 가식의 옷을 벗고 진실의 곁에 다가설 수 있을지, 잠시 내 생활을 되돌아본다.

무대를 둘러싸고 앉은 크로커스트들이 관객보다 많다. 모델의 동작은 화가들의 빠른 손놀림으로 화선지에 그대로 옮겨진다. 연출하는 선하나 하나가 화가들의 손끝에서 완성된다. 붓이 지나는 길에 힘이 느껴진다.

크로키는 움직이는 동물이나 사람의 형태를 빠르게 그리는 그림이라 하여 '속사화'라고도 하는데, 크로커스트들에게는 누드 퍼포먼스가 제일 인기라고 한다.

모델의 완성된 동작보다 더 빨리 그려지는 그림을 보며 크로키에 새로운 매력을 느낀다. 남녀의 알몸을 찍으려고 카메라를 들고 초점을 맞추던 내 행동이 얼마나 어리석고 부끄러운 짓인지 크로커스트들의 화선지를 보는 순간 알 수 있었다.

누드 크로키 퍼포먼스. 시골에서는 자주 접할 수 없는 문화이기에 이해 또한 힘들다. 공연 중 카메라로 사진을 찍는 사람들이 여기저기서 눈에 띈다. 선진국이나 문화가 발달된 대도시에서는 공연 중 사진을 찍는 사람은 물론 핸드폰 벨소리나 소곤대는 말소리도 들어 볼 수 없다고 한다. 쥐 죽은 듯 조용한 가운데 누가 말하지 않아도 클라이맥스에서는 큰 박수를 치며 수준 높은 관람을 한다.

시골이나 문화를 자주 접하지 않는 사람들 앞에는 연기자도 부담을 느껴 얼굴에 분장을 하고 무대에 선단다. 사방에서 터지는 카메라 불빛이 그 첫 번째 이유이고 행위 자체를 예술로 이해함이 아니라 알몸을 감상하는 정도의 수준이 두 번째 이유라 한다.

두 시간 남짓 공연을 마치고 땀으로 범벅 된 몸을 가운으로 가리고 무표정한 얼굴을 한 채 두 모델은 관객들 숲을 빠져나간다. 모델의 뒷모습까지도 화선지에 담아내는 크로커스트 들, 텅 빈 무대만이 공연이 끝났음을 말해준다.

잔디밭 위에는 어둠이 살포시 내려앉는다. 2부 행사를 알리는 사회자의 멘트가 나온다. 관객들은 통기타 반주에 맞춰 노래를 부른다. 사방이 산으로 둘러싸인 화암(畵巖)약수 잔디밭에 모여앉아 '저 별은 나의 별 저 별은 너의

별 …….' 손뼉을 치며 즐겁게 노래를 부른다.

고개를 들어 하늘을 쳐다본다. 서너 평쯤 되어 보이는 하늘에 별이 총총하다. 몇 섬이나 퍼다 부었을까, 잔별이 하얗게 머리 위로 쏟아진다. 화암약수 계곡에 은하수가 흐른다. 축제는 아쉬운 듯 막을 내리고 사람들은 별빛처럼 사방으로 흩어진다.

'그림바위 아트 페스티벌'은 해마다 한 여름에 화암관광단지에서 열리는 종합문화 축제이다. 올해는 '자연으로 돌아가자'라는 주제로 다양한 공연예술과 설치예술로 진행되었다. 해를 거듭할수록 발전되는 이 축제가 지역축제에서 벗어나 세계인이 함께 하는 세계의 축제로 거듭 날 것을 기대해본다.

쏟아지는 별빛 사이로 하얗게 달빛 흐르는 아름다운 밤이다. 가식 없는 하늘을 보며 나의 마음도 실오라기 하나 걸친 것 없는 알몸이 된다.

(2006. 8. 13.)

산행

이른 아침 산에 오른다.

하지를 눈앞에 둔 이즈음 산 밑까지 치 닿은 언덕배기 밭에는 온통 감자꽃으로 덮여 있다. 하지쯤이면 먹을 수 있는 하지감자를 일찍 먹는다 하여 이른 감자라고도 불렀던 기억이 있다. 산비탈 자락을 가득 메운 자줏빛 작은 꽃들이 부스스 잠에서 깨어나 여름의 아침을 맞는다.

아침 안개 살짝 드리운 골 깊은 감자밭에 달빛을 닮은 감자의 꽃들이 내 발목을 잡는다. 울퉁불퉁 볼품없고 못생긴 사람을 굳은 감자 같다 하지 않던가. 감자의 한을 맘껏 풀어내기라도 하듯 꽃대 하나에 여러 송이 꽃을 달고 하늘을 향한 하얀 손짓이야말로 나풀나풀 나비의 날갯짓과 같다.

지금쯤 산비탈을 성큼성큼 내려올 햇살마저 주춤거리며 하얀 꽃밭의 눈치를 살핀다. 시들은 대궁에 말방울처럼 주렁주렁 달려 올라올 감자의 모습들이 눈에 선하다. 이른 감자든 하지 감자든 산비탈 자락을 가득 메운 꽃보다 더 풍성하길 기대하며 다시 산길을 걷는다.

길섶에 딸기 덤불이 있다. 덤불을 헤치고 들여다보니 빨갛게 익은 딸기들이 눈동자처럼 반짝인다. 수리딸기 한 줌을 따서 손에 드니 입 안에 군침이 고인다. 터지는 빨간빛이 식욕을 참을 수 없게 한다.

밤새 달빛을 먹고 자란 이슬이 어둠을 헤치고 나와 아침 인사를 한다. 사락사락, 소곤소곤, 후두둑 후두둑. 풀잎 끝에 작은 물방울이 수정처럼 맑고 또 맑다. 햇살이 퍼지면 사라질 저들의 운명을 생각하며 산을 오른다.

영롱한 아침이슬을 사슴이 먹으면 녹용이 되고 독사가 먹으면 독이 된다. 마치 의사가 칼을 쓰면 병을 고치기 위함이요, 강도가 칼을 쓰면 죄를 범하려 함이라.

사람들은 가끔 같은 문제를 놓고도 그 해결 방법이 서로 달라 갈등을 겪는다. 그것은 사람 됨됨이나 생활환경, 인간성, 철학 등에 의해서 대응하는 모습과 방법이 제각기 다르기 때문이다. 쓰임에 따라 녹용이 되고 독이 되는 이슬처럼 생각에 따라 문제의 해결 방법도 의사의 칼이든 강도의 칼이든 될 것이다.

남귤북지(南橘北枳)라는 말이 있다.

남쪽의 귤나무를 북쪽으로 옮겨 심으면 탱자나무가 된다는 말이다. 처지가 달라짐에 따라 사람도 기질이 변함에 비유한 말이다. 사람도 이슬도 귤나무도 크게 다를 바 없다는 생각을 한다.

이런저런 상념에 사로잡혀 서서히 오른 길은 어느새 병방치 정상이다.

전망대에 서면 한반도 모형을 닮은 동강 줄기를 볼 수 있다. 안개가 시야를 가린다. 뿌연 안개 속 그 안에 동강이 있으려니, 시원한 바람만 한 아름 안은 채 순식간에 산을 내려온다. 올라 갈 때의 힘들었던 높은 산은 어디로 갔는지 다시 뒤를 돌아다 본다. (2007. 6. 20.)

살려줘

웅성웅성. 밤 10시. 역 광장.

작업복을 입은 사람들이 모여든다. 부슬부슬 비가 내리기 시작한다. 사람들은 자라목을 하고 찬 겨울비를 맞고 서 있다. 빗줄기가 더 굵어지기 전에 버스가 와야 할 텐데, 사람들은 동동거리며 초조하게 차를 기다리고 있지만, 배짱 좋은 버스는 나타나질 않는다.

굵어지던 빗방울이 진눈깨비로 바뀌고 나서야 커다란 버스 한 대가 슬그머니 나타난다. 입을 댓 발은 빼내 문 기사가 귀찮다는 듯 문만 삐걱 열어줄 뿐 아무런 말이 없다. 밤새도록 차를 타고 가야 하는데 기사 인상이 뭐 먹은 고양이 상인지라 마음이 편치 않다.

충남 보령으로 기름 제거작업 봉사활동을 가는 길이다. 40명의 자원봉사자를 태운 버스가 보령을 향해 움직인다. 밤늦은 시간에 출발하여 새벽녘에 도착하면 새벽밥을 먹고 첫 배를 탄다. 한 시간 이상 섬으로 들어가 밀물이 들어올 때까지 기름 제거작업을 한다 하니 끝나는 시간이 언제쯤일지는 예측할 수 없다.

버스에 오르자마자 사람들은 잠잘 채비를 한다. 외투를 벗어 무릎을 덮고 의자를 눕히고 길게 자리를 잡는다. 어설프고 고생스러워 보이지만 누구 하나 불평하는 사람이 없다. 오히려 옆 사람을 배려하는 마음들로 차 안은 이내 훈훈해진다. 그런 봉사자들의 마음을 알 리 없는 기사는 여전히 툴툴거린다. 야간운행이 불만인가보다.

코 고는 소리가 간간히 들리자 기사는 실내등을 끄고 도로를 달리기 시작한다. 꼬불꼬불한 산길을 휙휙 잘도 돌아간다. 심술 난 기사의 난폭운전 덕분에 차멀미가 심하게 난다. 산모퉁이 돌 때마다 '살려 줘, 제발 나 좀 살려 줘' 고통의 순간순간을 억지로 참으며 첫 번째 휴게소에서 버스를 세운다.

사위는 어둠에 둘러싸이고 촉촉하게 내리는 빗줄기 사이로 뽀얗게 피어오르는 밤안개가 영화에서나 봄직한 아름다운 명장면을 연출한다. 금방이라도 뒤집어질듯하던 멀미는 간데없고 쌀랑한 밤공기와 뽀얀 안개의 달콤한 입맞춤에 자정의 시간을 맞는다. 쓴 커피 한 잔으로 기사의 마음을 풀어주고 다시 차에 오른다.

새벽, 우리 일행은 대천해수욕장 인근에 있는 한 음식점에 도착했다. 그곳 사람들은 새벽같이 달려오는 봉사자들을 위해 방을 따끈하게 하고, 식사준비가 될 때까지 추위를 녹이며 편히 쉴 수 있게 해 준다. 추위가 녹으니 피로가 한꺼번에 몰려온다. 덜컥 겁이 난다. 차멀미를 심하게 한 때문인지 속이 울렁거리고 머리가 아프다. 뱃멀미도 심하다던데, 기름 냄새는 또 얼마나 지독할까. 말로만 듣던 기름 제거작업을 눈앞에 두고 걱정이 태산이다.

어둠의 두께가 얇아지면서 다시 하루가 시작되는 시간. 뱃길을 따라 우리 일행은 장고도라는 섬으로 이동을 한다. 장고를 닮아서 장고도라고 불리는 섬에는 미처 자원봉사자들의 손길이 닿지 못해 섬 전체가 죽어가고 있었다. '살려 줘, 제발 좀 살려줘!' 살고 싶어 발버둥 치며 제발 좀 살려 달라는 간절한 소리가 사방에서 들려온다. 시커먼 기름을 뒤집어쓴 갯벌을 보고 있노라니 나오는 건 한숨이요, 속에선 불방망이 같은 분노가 치민다.

사상 최악의 유조선 사고에 8.5톤짜리 어선을 내놓고, 조치를 했으니 염려 말라는 보고를 한 사람이나 받은 사람이나 한심하긴 똑같다. 이번 사고는 탁상행정이 불러온 인재다. 구멍 난 탱크에 나무쐐기만 일찍 박았어도 일이 이 지경에 이르지는 않았을 것이다. 8.5톤짜리 어선으로 14만 톤짜리 유조선을 구하려고 하는 기발한 아이디어는 어느 양반의 머리에서 나온 발상일까. 헬기는 뒀다 무엇에 쓰려고 고작 어선 한 척이라. 그나마 파도가 높아 접근조차 못 하고 하루 이틀이 지나는 동안, 구멍 난 탱크에서 흘러나온 기름은 태안반도를 뒤덮고 바다를 삶의 터전으로 삼는 섬 지역 주민들은 전쟁보다 더 큰 아픔을 겪고 있다. 아무도 찾아오는 이 없는 외로운 섬마을에 팔순의 할머니는 눈만 떨어지면 입던 옷가지를 들고 바다로 나가 손이 부르트도록 자갈을 닦는다. 섬사람들에겐 바다가 생명이다. 무슨 자격으로 그들에게서 생명을 앗아간단 말인가. 작업을 하는 내내 버럭버럭 소리를 지르고 싶도록 화가 났다.

장고도는 자연산 굴로 유명한 섬이다. 그 많은 굴이 괴물의 습격을 받아 떼죽음을 당하고 굴 껍질만 하얗게 눈이 내린 것처럼 섬을 덮고 있다. 꼬물꼬물 기어 다니는 다슬기도, 뒤뚱거리며 슬금슬금 도망가는 꽃게도 무거운 기름옷을 입고 살려 달라고 아우성이다. 갯벌이 살아야 바다가 산다. 갯벌을 정화하는 생물들이 다 죽어 버리면 바다는 누가 살릴 것인가. '살리자, 살려 주자!' 그래, 갯벌도 살리고 바다도 살리고 우리도 살아야지.

구멍이 숭숭 뚫린 바위에 흡착포를 대고 송곳으로 쿡쿡 찌르면 기름덩어리가 왈칵왈칵 쏟아져 나온다. 그렇게 닦고 돌아서서 보면 또 있고 또 닦아도 또 있다. 손톱 밑이 아프도록 닦고 또 닦는다. 장고도에 오기까지 '나 하나의 힘이 얼마나 된다고' 했지만 나 하나라도 힘을 보탤 수 있어서 다행이라 생각한다. 태안은 어느 정도 제 모습을 찾았다는데 알려지지 않은 섬 지역에는 아직도 일손부족 작업도구 부족으로 눈앞에서 죽어가는 바다를 보며 발만 동동 구른다.

밀물이 들어올 시간이라고 마을 이장이 방송을 한다. 서둘러 작업장을 빠져나온다. 멀리 철썩이는 파도가 보인다. 바다는 파도를 통해서 숨을 쉰다고 한다. 바다가 썩지 않는 것이 3%의 염분과 파도 때문이라고 한다. 대한민국 국민 3%가 봉사활동에 참여하고 밀려오는 파도처럼 국민들의 따뜻한 온정이 끊이지 않는다면 서해안은 분명 살아날 것이다.

아직도 귓전에는 갯벌에서 만났던 귀엽고 앙증맞은 다슬기의 외침이 맴돈다. '살려 줘. 제발 우리 좀 살려 줘!'

(2008. 1. 1.)

6부

향토사

옛길_ 영곡

워낭소리를 따라 걷는다.

앞서간 목동의 발자국 위에 내 발을 포개어 재를 넘는다. 삼월도 중순을 지나고 있지만 산에는 눈이 무덕지게 쌓여있고 앙상한 가지에는 아직도 찬 바람이 걸려있다. 마을로 내려간 고라니는 언제 올라오려는지 내려간 흔적만이 빈산을 지키고 있다.

정선의 옛길을 찾아 매월 길을 나서는 사람들이 있다. 일행들을 따라서 간 길은 정선읍 신치마을에서 신동읍 곰골로 나오는 옛길이다. 이 길은 옛날에 목동들이 소를 몰고 넘던 길이라 한다. 정선읍의 우시장에서 소를 사서 한 사람이 서너 마리씩 몰고 신동까지 가던, 가장 가까운 길이란다.

세 개의 재(嶺)를 넘으려면 서둘러야 한다. 이른 아침 신치마을 입구에 주차를 하고 산길로 들어선다. 신치(정선)와 낙동(남면)을 이어주는 '문두재'를 넘는다. 무릎까지 오는 눈밭을 지나 꼬불꼬불 고갯길을 곡예하듯 지난다. 세월 속에 묻힌 워낭소리는 좁은 길마저 묻어 버리고 졸졸 물소리 친구삼아 내려가라 이른다. 부스스 잠에서 갓 깨어난 개구리가 물 밖으로 고개를 내밀고 사방을 살핀다. 웅성대는 소리에 겁먹은 듯 물속으로 숨는다.

두 번째 코스인 머릿재를 넘는다. 낙동리와 광덕리를 이어주는 머릿재는 먼저 넘은 문두재에 비하면 작은 고개지만 골이 깊어 그리 녹록치만은 않다. 머릿재 정상, 쓰레기 매립장이 보이는 곳에 돗자리를 편다. 배낭을 풀고 점심을 먹는다. 텁텁한 막걸리 한잔이 산행의 즐거움을 더한다. 찬바람 한 점 녹인 커피가 알싸한 맛을 더하니 이보다 더 좋을 수는 없음이라. 옛길에 흔적을 남기고 머릿재를 내려오니 샘터가 있는 영골마을이 나온다.

영골마을은 광덕 수령의 동남쪽에 있는 가장 오래된 마을이다. 물이 맑고 깨끗하기로 유명하며, 굴속에서 흘러나오는 암반수라 하여 마을 사람들은 굴물이라 한다. 굴물은 가뭄이나 홍수나 사시사철 마르지 않고 맑은 물을 쏟아낸다. 옛날에 선녀들이 샘에서 목욕을 하다가 사람들에게 들키자 하늘로 승천하였다고 해서 영곡(靈谷)으로 불렸다. 이곳 샘에서 머리를 감거나 목욕을 하면 삼신이 범접을 못한다는 전설이 전해진다. 신비의 샘터 영곡, 사람들에게는 영골로 더 친한 마을이다.

마지막 코스인 마차재를 향해 발걸음을 옮긴다. 영곡과 신동 곰골을 이어주는 큰 고개 마차재가 눈앞에 가로 놓여있다. 미처 녹지 않은 눈은 도포자락처럼 늘어져 있고 까맣게 보이는 산 정상이 숨통을 조여 온다. 다시 걷는다.

병자년 물난리 때 다 잠기고 닭 한 마리만 겨우 앉을 수 있었다던 계봉

(鷄峰)이 손에 닿을 듯 가까이 있다. 정상에 오른 시간은 오후 4시. 서산에 반쯤 걸린 해가 하산을 명한다. 곰골 서낭당 돌탑에 돌 하나를 얹어놓는다. 함께 간 선배의 영업장에 손님이 영곡 샘물처럼 넘쳐나길 바라는 맘으로…….

8시간 남짓, 옛길을 찾아 전설을 따라 걷는 길. 하늘 끝에서 노란 봄이 몰려온다. 봄볕에 곱게 물든 사람들. 옛길을 찾기 위한 그들의 발걸음은 다음 달에도 계속된다.

(2011. 03. 21.)

옛길_ 비행기재

산 위에 길이 있어 그 길을 걷는다.

생강나무 꽃송이를 세며 아흔아홉 구비를 돈다. 봄바람이 잔설을 녹이고 조잘조잘 하얀 햇살이 얼음을 녹인다. 옛길을 지키고 서 있는 호랑버들의 번득이는 눈빛이 예사롭지 않음이라. 조심조심 눈치를 보며 비행기재를 넘는다.

봄빛이 완연한 4월인데 구석구석에 남아 있는 눈과 길바닥에 가로로 누운 얼음이 시간을 거꾸로 돌리고 있다. 생강나무의 노란 봄과 하얀 겨울이 공존하는 4월의 봄날을 그곳에서 만난다.

옛 광하 파출소 앞에 주차를 하고 망하 마을로 들어선다. 마을을 크게 돌아 비행기재 가는 길을 찾아드니 입구부터 아름드리 소나무가 울울창창 수십 년 과거의 향수를 전해준다. 숲을 따라 걷는다. 차가 다니던 길이라 넓고 여유가 있다. 멀리 마을이 보이고 한 구비 두 구비를 돌 때마다 새로운 풍경이 눈을 즐겁게 한다. 노래를 부르며 소나무 숲을 지나고 나니 은빛 미루나무 숲이 우리를 기다리고 있다. 큰 키에 쭉쭉 뻗은 가지 사이로 구름이 노닐다간 파란 하늘을 본다. 금방이라도 푸른 물이 뚝뚝 떨어질 것 같다. 봄볕에 옷을 적시며 끝도 안 보이는 길을 또 걷는다.

비행기재는 42번 국도가 생기기 전 정선을 드나들던 관문이었다. 평창의 미탄과 정선을 이어주는 고개. 1954년 처음으로 버스가 들어오고 하루 한 번 30인승 버스가 외줄타기 하듯 사람을 실어 나르던 길이다. 이 길을 버스로 오가면 창밖 풍경이 비행기에서 보는 듯하다고 하여 비행기재라고 불렀다 한다. 더 재미있는 이야기는 버스를 타고 가던 승객이 구불구불한 길이 지루하여 버스에서 내려 걸었는데, 그 손님이 버스보다 먼저 목적지에 도착하자 버스 기사가 비행기를 타고 왔냐고 물었단다. 길이 하늘과 맞닿은 곳, 비행기가 날아가다 걸릴 만큼 높은 곳이라 하여 비행기재라고 이름 붙여진 이곳의 옛 이름은 마전치(麻田峙)이다. 고개 아랫마을에 마밭이 많아서 붙여진 이름이라 한다. 지금은 마를 심은 밭은 볼 수 없고 인삼 밭이 마을 전체를 덮고 있다.

88올림픽이 열리던 해 비행기재 옆으로 터널이 뚫리면서 자동차들의 통행이 끊긴 추억속의 옛길 비행기재. 새색시 한복차림으로 시누이 차를 타고 신혼여행 가던 길을 지금 내가 걷고 있다. 흘러가는 물 퍼주 듯 세월을 보내고 흰머리 성성한 장년을 맞아 그 길을 걷는다. 묘한 이 기분은 뭘까. 마음은 아직도 새색시인데……

비행기재 마루에 통신사 기지국이 있다. 미탄과 정선의 경계인가. 녹슨 철탑을 보니 할 말이 없다.

수많은 사연을 간직한 추억의 길 비행기재. 좋은 사람들과 두런두런 옛날 이야기 하며 걷기에는 안성맞춤이다. 정선의 또 다른 옛길을 찾아 길을 나서는 아름다운 사람들의 구수한 이야기는 다음 호에도 계속된다.

(2011. 4.)

옛길_ 뱅뱅이 고개

뱅 돌고 뱅뱅 돌고 뱅뱅뱅 돌고 정상을 머리에 이고 또 돌고.

병방산을 뱅글뱅글 36 굽이를 돌아 귤암리 마을로 내려간다. 이름만 들어도 현기증이 나는 뱅뱅이재를 구름 따라 바람 따라 아래로 걷는다. 지금은 추억 속에 묻혀 옛길 이라는 명찰을 달고 점잖게 있지만 1979년 우마차가 다닐 수 있는 좁은 길이 생기기 전, 귤암리 마을 사람들이 읍으로 통하던 유일한 고갯길이다.

아리랑 아파트 주차장에서 일행들을 만나 병방치 에움길로 들어선다. 빙 둘러서 병방치 가는 길이란 뜻의 '병방치 에움길'은 우리 일행들끼리만 통하는 예쁜 이름이다. 에움길을 한 시간 남짓 걸어서 도착한 곳은 스카이워크.

겨우내, 여름이 다 되도록 출입문은 굳게 닫혀있고 뿌연 유리 막 사이로 겨우 한반도의 멋진 모습을 훔쳐본다. 답답하다. 깎아지른 절벽위에 금방이라도 날아갈 듯 아슬아슬 놓여있던 작은 정자. 그 위에서 보던 옛 모습이 새삼 그립다. 말없이 흐르는 동강, 안개 속에 터를 지키는 한반도 지형, 귤암리 마을 앞 병풍바위와 나팔봉 까지 한 눈에 볼 수 있었던 그 정자의 아찔함을 잊을 수가 없다. 옛 모습 그대로 돌릴 수 없는 일. 스카이워크의 대변신을 기대하며 뱅뱅이 고갯길로 접어든다.

쭉쭉 뻗은 소나무가 숲을 이룬다. 물오른 솔잎에서 내뿜는 향긋한 솔내음. 심호흡 한 번에 뼛속까지 시원해짐을 느낀다. 몸 속 찌든 때가 빠져 나가는 것이 눈에 보인다. 갓 피워낸 여린 잎의 작은 몸놀림에도 크게 환호하며 산길을 걷는다.

생강나무 군락지에 도착을 하니 오래 된 샘터 하나가 보인다. 아주 낮고 낡은 지붕이 있지만 관리는 전혀 안 된 물웅덩이다. 물속에는 나무 잎들이 가득하고 꽃가루와 먼지가 둥둥 떠다닌다. 배낭을 내려놓고 팔을 걷는다. 샘터에 쭈그리고 앉아 낙엽을 건져내고 열심히 바닥청소를 한다.

"아악! 이게 뭐야?"

뭉글뭉글 손에 만져지는 것이 있다. '뱀이야 구렁이야.' 산이 떠나가라 소리를 지르며 배낭도 버리고 오던 길로 도망을 간다. 앞서가던 일행들이 놀라서 되돌아온다. 일행 중 숲 해설가 한 분이 뱀도 구렁이도 아닌 도롱뇽의 알주머니라고 한다. 보통 알주머니 하나의 길이가 50cm정도 알의 수는 30~75개란다. 낙엽을 치우고 자세히 들여다보니 엄청 많은 양의 알주머니가 물웅덩이 구석구석에 똬리를 틀고 앉아있다. 손발이 오그라들고 내 몸에 칭칭 감긴 것 같아 꼼짝을 할 수가 없다. 1급수에서만 산다는 도롱뇽, 샘터는 아직 오염이 안 된 곳임을 확실하게 증명하고 있다. 뱅뱅이재의 백미다.

다시 걷는다. 36굽이 고갯길은 낙엽이 무릎까지 온다. 짧은 길들이 갈 지(之)자로 놓여있어 돌아가는 굽이 마다 멀미가 날 지경이다. 한 사람이 겨우 갈 수 있는 토끼 길은 경사가 심해 눈 깜짝 할 새 낭떠러지로 굴러 버릴 것 같은 불안감도 있다. 하지만 천 층 절벽의 절경과 깊고 푸른 동강을 보며 걸을 수 있는 유일한 길, 애기붓꽃, 노루귀, 얼레지, 알록제비꽃, 현호색……. 야생화가 반겨주는 아름다운 옛길이 뱅뱅이 고갯길임에 불안감을 깨끗이 떨쳐 버릴 수 있다. (2011. 4. 29.)

옛길_ 마산재

파란 도화지에 하얀 물감으로 살짝 붓 자국을 내면 지금 보이는 하늘처럼 예쁜 그림이 그려질까. 지루한 장마가 꼬리를 감추고 달아난 동쪽 하늘은 금방이라도 파란 물이 뚝뚝 떨어질 듯, 하얀 손수건을 머리 위로 높이 흔들며 파란 하늘과 초록 숲이 아름다운 옛길을 걷는다.

진달래가 가장 먼저 피는 벼랑이라는 뜻을 가진 꽃베루. 남평(북평면)에서 아우라지(여량면)로, 여량에서 나전으로 오는 10여 Km 되는 길이다.

이 길은 42번 국도가 생기기 전 강릉을 드나들던 유일한 길이기도 하다. 정선에서 강릉을 가려면 강을 두 번 건너야 하는데 다리가 없어 버스가 배를 타고 강을 건넜다. 남평에서 한 번 찻배를 건너서 꽃베루를 지나면 그 길 끝에서 또 한 번의 찻배를 건너야 강릉을 갈 수가 있었다. 꽃베루를 지날 때 마주 오는 차를 만나면 온 만큼 후진을 하고 비켜서서 차 한 대를 겨우 보내야할 좁은 길이었다. 지금도 넓지는 않지만 그나마 얌전하게 포장이 되어 있어 임도로 가끔은 연인들의 드라이브코스로, 라이딩코스, 트래킹코스로도 인기가 높다.

남평리 농업기술센터에서 직진하면 마산재 가는 길 표지판이 보인다. 그 길을 따라 걷다보면 중간 지점 쯤 365 행복마을 장열리가 아래로 보이고 강 건너 나전 시내가 한 눈에 들어온다.

장열리는 토마토로 유명하며 마을 뒷산 중턱, 꽃베루 아래쪽에 자연 냉장고인 얼음굴이 있다. 굴속의 얼음은 3월 중순부터 얼기 시작해 말복이 지날 때까지 꽁꽁 얼어 있다. 냉장고가 없던 시절 이 마을 사람들은 얼음굴의 얼음을 따다가 시원한 냉국을 만들어 먹으며 한여름 더위를 식혔다고 한다.

요술 같은 얼음굴의 비밀. 한겨울 차가운 공기가 바위 밑으로 내려가 바위 밑에 꼭꼭 숨어 있다가 한여름 따뜻한 공기가 바위 밑의 찬 공기를 누르면 찬 공기는 스멀스멀 바위틈으로 빠져나와 얼음을 만든다. 자연의 신비함에 할 말을 잊는다.

소나무 숲과 낙엽송 숲이 교대로 나타나 걷기에 지루하지 않은 길. 100m~200m 벼랑 아래를 흐르는 조양강 물줄기가 힘을 더해주는 산소길. 이름도 예쁜 길이 이름값 톡톡히 하는 꽃베루 옛길을 방학을 맞은 자녀들과 함께 걸어보면 어떨까. 얼음굴과 산소길. 올 여름 더위는 꽃베루 숲속에 묻어야겠다. (2011. 7.)

옛길_ 성마령

정선아리랑 가사에는 '성마령'이 자주 나온다. 어떤 연에서는 아주 원색적으로, 또 다른 연에서는 애절하게, 더러는 가슴 속 깊은 곳에 맺힌 한을 쏟아 내듯 한숨을 섞어 부르기도 한다.

고갯마루에 올라서서 두 팔을 뻗으면 손끝에 별이 만져질 만큼 높은 고개라 하여 성마령(星摩嶺)이란 이름이 붙여졌다. 정선으로 드나드는 제일 큰길이었으며 대처로 나가기 위해서는 누구나 넘어야 했던 고개다. 강을 한 번도 건너지 않고 한양으로 오갈 수 있었던 유일한 옛길, 정선의 용탄 행마동과 평창 미탄의 평안리가 맞닿은 정선 제일의 관문이다. 이 고개는 고을 원님도 울고 넘었으며, 오며 가며 읊은 시가 그대로 아리랑 가사로 불리고 있다. 조선시대, 행마동에는 출장을 가는 관원들을 위한 국영여관 '행매원'이 있던 곳이다. 그래서 행마동 보다는 원골로 더 알려졌다.

정선 읍내에서 차를 타고 가리왕산 휴양림 쪽으로 가는 길에 용탄리 라는 마을이 나온다. 마을 초입에 성마령 등산로와 행마동 가는 길 안내 표지판이 있다. 길을 따라 원골로 들어가 마을 어귀에 주차를 하고 산길로 접어든다.

사람들의 발길이 끊어진 지 오래 된 길은 낙엽 속에 숨어있어 찾기조차 힘들고 숲은 터널을 이뤄 하늘이 손바닥만큼 보이는, 자연이 살아 숨 쉬는 아름다운 길이다. 행마동을 지나 성마령으로 오르는 길목에는 주막과 샘터가 있던 자리가 보인다. 지금도 넓고 좋은데 옛날에는 어떠했는지 짐작이 가고도 남음이라. 그냥 털썩 주저앉아서 숲 사이로 구름이 흘러가는 것만 보아도 온갖 피로가 다 사라지고 시 한 수가 저절로 흘러나오는 편안한 곳이다.

산길을 돌고 돌아 980고지의 성마령 정상에 오른다. 고갯마루에는 커다란 돌무덤과 아리랑 가사비인지 개인 시비인지 구분조차 어려운 비 하나가 돌무덤과 마주보고 정상을 지키고 있다. 정선과 평창의 경계를 알리는 증표라 한다.

유적지로서 문화적 가치가 충분한 성마령 옛길. 정선 제일의 관문임을 알리는 곳. 후손들에게도 길이 남아 조상들의 숨결을 느낄 수 있는 정선의 옛길이 되길 기대하며 마을로 내려온다. 아리랑……, 아리랑 아라리요…….

(2012. 5.)

화주일춘

돌 하나를 주워 힘껏 던진다.

아카시아 나뭇가지에 닿았나 보다. 파드득 날아가는 새들의 날갯짓 소리가 파란 하늘가에 흩어진다. 까르르 웃으며 떨어지는 아카시아 꽃 이파리가 머리에 어깨에 사뿐히 앉는다. 한 줌 훑어서 코에 대니 몸속 구석구석이 달콤한 향기로 채워진다. 하늘을 품에 안을 듯 두 팔을 벌려 나뭇가지 꼭대기를 쳐다본다. 하얀 꽃잎만 햇볕에 흔들거릴 뿐 어린 새들은 이미 꽃잎을 한 입 물고 멀리 날아간 뒤여라.

조양강 물길을 따라 다시 걷는다.

아카시아 꽃이 필 때면 쏘가리가 제 맛이란다. 조양강변에 바위 숫자보다 더 많은 강태공들이 낚싯대를 물에 담그고 꼼짝을 않고 앉아 있다. 많이 잡았냐는 내 말이 안 들리나 보다. 더 큰 소리로 똑같이 묻는다. 아무도 돌아

보는 이가 없다. 저 사람들은 아카시아 향기도 모르고 낚시를 하나 보다.

걷다가 발길을 멈춘 곳은 화주일춘(化主一春) 비석 앞이다. 화주일춘비는, 관음사지 절벽 하단부에 새겨져있는 전설속의 「화주일춘」이 도로개설로 매몰되면서, 이를 아쉬워하던 조양회 회원들의 정성으로 다시 태어난 비석이다.

향사에 전해지는 「화주일춘」은 관음사에 있던 일춘 이라는 스님의 이야기다. 불도에 정통하여 세인의 존경을 받던 일춘 스님이 잠시 돈에 눈이 멀어 불문의 죄를 짓고 큰 먹구렁이로 변한다. 구렁이가 통로를 막자 관음사를 찾는 행객들이 끊어져 절은 곧 쑥대밭으로 변한다.

십여 년의 세월이 지난 후 한양으로 과거를 보러가던 선비 네 사람이 정선을 지나가게 되어 주막에서 하룻밤을 묵는다. 그 중 한 사람 꿈에 백 살 노인이 108염주를 목에 걸고 정중히 절을 하며 말하기를,

"나는 이곳 관음사에 있는 중으로 불문에 득죄하여 뱀으로 변신된 지 오래 입니다. 지금 다행히 귀인을 만났으니 바라 건데 공(公)은 노고를 아끼지 말고 화주일춘 네 자만 관음벼루 석벽에 새겨 왕래하는 사람들이 볼 수 있도록 해 주면, 공은 이번 과거에 급제할 것이며 소승도 불문의 죄를 면하게 될 것이니 내 말을 잊지 말고 꼭 새겨 달라."고 당부했다.

선비가 잠에서 깨니 꿈이라. 이상히 여겨 일행에게 꿈 이야기를 하고 주막주인에게 사실을 물어보니 그런 일이 있다 하였다. 중의 말대로 석벽에 글씨를 새기기로 결심했다.

혼자 과거를 급제하기 보다는 다같이 급제를 하면 좋지 않을까. 네 사람이 사이좋게 한 자씩 '화주일춘' 넉 자를 새겨놓고 한양으로 떠났다. 신기하

게도 네 사람은 모두 과거에 급제를 하고 관음벼루 절벽에 가로누워 행인들의 발길을 막던 구렁이도 자취를 감추었다고 한다.

바지를 동동 걷고 물속으로 들어선다. 관음벼루 석벽에 새겨진 화주일춘 넉 자를 찾으려고 나뭇잎을 건져내고 바위를 문질러 물때를 씻는다. 짐작만으로 찾을 수 있는 글자가 아니었다. 그 어디에도 글자는 보이지 않는다. 다 묻혀 버렸을까. 수챗구멍 어딘가에 약간의 흔적이 있다고 들었는데……. 귀한 자료들이 하나씩 사라짐이 안타까울 뿐이다.

발등에 까만 새끼 개구리 한 마리가 납작 엎드려 있다. 종아리에도 있다. 길 쪽을 막은 높은 시멘트 옹벽에 밖으로 나가고 싶어 하는 개구리들이 새카맣게 붙어 있다. 머리끝까지 소름이 돋는다. 소리를 지르며 산 쪽으로 도망을 치는 나는 맨발이다. 또 한 번 소리를 지른다. 이번엔 먹구렁이가 발밑에 있는 것 같다.

발길을 돌려서 오던 길로 되돌아간다. 아카시아 진한 향기가 나를 위로한다.

(2009. 5. 20.)

염장봉에 달이 뜨면

"저기 보이는 저 산입니다. 제일 높고 뾰족한 봉우리가 염장봉이죠."

삿갓 모양을 하고 점잖게 앉아 있지만 하늘과 땅을 가르는 경사가 급하고 빼곡하게 들어선 소나무들이 침묵을 지키고 있으니 얼른 보기에도 범상치 않은 산이다.

정상까지는 한 시간 정도 소요된다는 안내자의 말에 자신감을 갖고 일행을 따라 산길로 들어선다. 간밤에 마을을 다녀간 고라니의 발자국이 길을 안내한다. 정신없이 발자국을 세며 산을 오른다. 간간이 들리는 새소리와 살짝 내린 안개, 통통하게 살찐 나무눈이 나를 행복하게 한다. 해발 668m 염장봉, 촉촉한 품속에 살포시 안겨 한 시간 산행의 피로를 푼다.

불을 다스리는 소금단지가 묻힌 산이 염장봉이다.

해마다 정월 대보름날이면 마을 사람들은 소금을 지고 염장봉에 오른다. 오늘이 정월 대보름. 여량 번영회가 주관하여 염장제를 지내는 날이다. 보름날 하는 특별한 행사라 하여 이른 아침부터 서둘러 그들을 따라나섰다.

염장봉에는 믿기 어려운, 그러나 믿어야만 되는 전설이 있다.

옛날 어느 도승이 여량을 지나다가 '이곳 산과 계곡의 물줄기가 화(火)자를 이루고 있어 마을에 불이 자주 일어나는 재앙이 있겠다.'고 하니, 마을 사람들이 어찌하면 그 재앙을 막을 수 있겠냐며 그 비법을 알려 달라고 했다.

스님은 마을이 훤히 내려다보이는 저 산봉우리에 간수(소금)를 묻어 바다의 기운으로 불을 다스려야 한다고 일러 주었다. 그러자 마을 사람들은 스님이 일러 준 산봉우리에 단지를 묻어 소금을 채우고 아무 탈 없이 잘 지냈다고 한다. 그러던 1995년 초겨울, 집 근처에 쌓아 둔 짚가리에 불이 났다. 사람들이 달려들어 불을 끄면 이웃 솔가리로 옮기고 하여 여기저기 불이 붙었는데 이상한 것은 사람이 사는 가옥에는 전혀 피해를 주지 않았단다.

불을 끄고 마을 사람들이 산에 올라가 소금단지를 열어보니 단지가 비어 있었다고 한다. 소금을 다시 채워 넣었더니 지금까지 별일이 없더란다. 소금을 감추는 산, 소금을 감추는 봉우리. 그래서 염장봉(鹽藏峰)이라 한다.

염장봉에는 소금단지 세 개가 묻혀있다. 지름이 15cm 정도 되는 두 개의 단지와 20cm쯤 되는 큰 단지 하나가 있다. 염장봉에 도착한 일행들은 땅속에 묻혀있는 소금단지를 찾기 시작한다. 낙엽을 긁어내고 흙을 파고 큰 돌을 들어내니 소금단지가 모습을 보인다. 일행들은 약속이나 한 듯 함성을 지른다. 천상의 기쁨은 소박한 것이라 했던가. 기쁨은 무언가를 얻었을 때의 감정이라 했다. 소금단지를 보는 순간 그 감정은 분명 기쁨이었다. 가장 소박하고 귀하고 따듯한 감정. 길을 가다가 보석 덩어리를 발견하면 그 보다 더 번쩍 눈이 뜨일까. 노다지를 캐면 그보다 더 흥분이 될까. 순간 내가 느낀 기쁨은 감히 어떤 것과도 비교를 할 수가 없다.

사람들은 보물 항아리를 열듯 설레는 맘으로 뚜껑을 열고 차곡차곡 소금을 채우고 마을의 안녕을 빌며 조심스레 단지를 묻는다.

큰 단지 앞에 잘생긴 돼지머리를 놓는다. 주, 과, 포를 올리니 삼색 나물과 떡시루도 자리를 차지한다. 축문을 읽고 제주(祭主)가 잔을 올린다. 일행들도 경건한 마음으로 옷깃을 여미고 예를 갖춘다.

막걸리 한 잔으로 음복을 하고 아리랑 한가락 흥얼거리며 기분 좋게 산을 내려온다. 어느새 길은 녹아 질척이지만 마음은 새벽공기처럼 상큼하다. 초저녁, 염장봉에 보름달이 둥실 뜨면 소금 항아리의 안부부터 물어보리라.

(2009. 2. 13)

봄맞이

봄볕에 물든 파란 하늘이 마음을 설레게 한다.

버들강아지 통통하게 살찌는 소리가 가까이에서 들리고, 겨우내 얼어붙었던 강물도 말없이 흐른다. 경칩이 지난 삼월의 햇살은 어머니의 따스한 품속 같아서 덥석 안겨 보고픈 충동을 느낀다. 산머리 허옇게 잔설이 있지만 볕은 완연한 봄이다.

카메라를 메고 차에 오른다. 지방 기념물(제70호)인 임계면의 '장찬성'으로 방향을 잡는다. 송계산성과 장찬성이 같은 곳인 줄 모르고 장찬성으로 오르는 길을 찾기 위해 한참을 돌아다녔다. 차를 세우고 지나가는 행인에게 길을 물으니 송계산성이 장찬성이라고 알려준다. 성을 오르는 길은 두 곳이다. 그 두 곳의 안내 표지판이 서로 다르게 표기가 되어 있다. 한 곳은 송계산성 또 한 곳은 장찬성. 처음 그곳을 찾는 사람을 위해 한 가지 이름으로 통

일해 주면 안 될까. 아쉬움이 남는다.

'장찬성 등산로'라는 표시가 되어 있는 길로 들어선다. 등산로 입구의 가파른 계단을 오르며 숨을 몰아쉰다. 양쪽으로 늘어 선 나무들이 아직은 침묵하고 있지만 곧 봄을 맞아 재잘대며 앞 다투어 잎을 피우리라. 그 때는 혼자 걷는 산길도 심심치 않으리. 잠자는 나무들을 흔들어 깨우며 산을 오른다.

20여 분 오르니 멀리 산성이 보이기 시작한다. 듬성듬성 생강나무도 보인다. 금방이라도 터질 것 같은 노란 꽃망울들이 나를 반긴다. 소생의 계절 생명의 신비를 공감하니 내게도 청춘이 다시 찾아오는 것 같아 기분이 한결 좋다.

길을 따라 성곽 안으로 들어선다. '장찬성'임을 알리는 표지석이 가운데 자리를 잡고 앉아있다. 주위에는 송계(松溪) 라는 이름에 걸맞게 아름드리 소나무들이 숲을 이루고 있다. 울울창창 쭉쭉 뻗은 소나무들이 성을 감싸고 있는 모습 또한 장관이다.

이 산성의 축조 시기는 정확하게 알 수 없으나 고구려가 신라의 진출을 막기 위해 축조한 것으로 학계에서는 추정한다. 큰 돌로 쌓아놓은 성벽은 시루떡을 잘라 놓은 듯 반듯하고 깔끔하다. 길이는 400m 정도이며 원형 그대로 보존이 되어있고 성벽이 끝난 부분에는 약 10m 간격으로 4기(基)의 고분이 남아있다. 성을 따라 걷노라니 숲속 어디선가 장군의 호령이 들리는 듯하여 두리번거리기를 몇 번이나 했을까. 아무도 없는 텅 빈 산에 홀로 서서 멍하니 하늘만 쳐다본다.

전설에 의하면 이 고장에 장찬이라는 장수가 있었는데, 삼척 방향에서 침입하는 적을 막기 위해 성을 쌓고자 하였으나 산에 성을 쌓을 만한 돌이 없어 동해 바다에서 돌팔매로 돌을 던져 하룻밤 사이에 성을 쌓고 병력을 양성하였다고 한다. 그러던 중 마귀할멈의 잘못으로 해를 입어 장군이 죽자 장군에게 오던 용마가 장군이 죽었다는 소식을 듣고, 인근 마산봉에서 죽었다고 하는 전설이 전해지고 있다.

장찬성은 강릉, 동해 지역으로부터 정선으로 들어오는 길목인 삽당령과 백복령이 한 눈에 보이는 전략적 요충지다. 성 위에 올라서니 왜적의 침입으로부터 향토를 지키려던 조상들의 고귀한 숨결이 봄바람과 함께 가슴 속 깊이 파고든다. 벅차오르는 이 감정은 뭘까.

기축년의 새봄을 소나무 숲속에 길게 자리하고 누운 장찬성에서 맞는다.

(2009. 3. 16.)

양반증서

"강원도 정선 고을에 한 양반이 살고 있었다."

연암 박지원의 『양반전』을 보면 첫머리가 이렇게 시작이 된다.

그 양반은 성품이 어질고 글 읽기를 매우 좋아하였다. 이 고을에 새로 부임해 오는 군수는 으레 이 양반을 먼저 찾아보고 그에게 경의를 표하는 것이 통례로 되어있다. 그러나 양반은 워낙 가난하고 생활력이 없어 관곡으로 연명을 하다 보니 꾸어 먹은 곡식이 천 석이나 되었다.

어느 날 관찰사가 이 고을을 순행하다가 관곡을 조사해 보고 몹시 노하여 군수에게 양반을 잡아 가두라고 하였다. 군수는 양반을 가둘 수도 없고 관찰사의 명령에 복종하지 않을 수도 없고 난감해하고 있었다. 이 소문을 들은 이웃 마을 부자가 양반을 찾아가 관곡 천 석과 양반권을 바꾸자고 하였다. 양반은 기뻐하며 현실을 받아들이고 부자는 약속대로 관곡을 모두 갚고 양반이 되었다.

그리하여 군수가 증인으로 나서서 양반의 요식행위와 행동철차를 기록한 증서를 만들어 주었다. 양반이 된 부자는 양반 행세의 까다로움에 크게 실망하여 양반이 되기를 거부하고 죽을 때까지 양반 소리는 입 밖에 내지도 않았다고 한다.

양반의 무능력과 부패상을 폭로하고 관료들의 횡포를 풍자와 해학으로 고발한 소설이다. 자기의 신분을 망각하고 양반사회를 동경하는 부자의 허황된 생각과, 돈을 주고 양반을 산다고 해도 상민은 생리적으로 맞지 않아 양반 행세를 할 수 없다는 것을 부자를 통해 알 수 있다. 작품 속에서 양반은 무능력했음에도 양반 사회를 부정하지 않고 부자를 빗대어 양반의 양태의 드러낸 것은 양반의 참 모습을 되찾고 싶은 작가의 생각이었는지도 모르겠다.

정선 아라리촌에 가면 양반전 이야기를 형상화 하여 만든 조형물이 16파트가 있다. 아라리촌을 찾는 대부분의 사람들은 어느 공원에서나 흔히 볼 수 있는 조형물이려니 생각하지만, 『양반전』의 작품 배경이 정선이라는 것을 알고 나면 훨씬 재미있는 문화체험을 할 수 있다.

지난 봄부터 아라리촌에서는 양반증서를 발행하고 있다. 관광객과 체험학습을 오는 학생들 중, 원하는 사람은 본인이 직접 양반증서를 탁본한다. 탁본한 증서에 서예가 한 분이 한문으로 정성껏 이름을 쓰고 아라리 촌장 낙관을 찍어서 양반이 지켜야 할 덕목 10가지를 적은 글과 함께 양반증서를 교부한다. 양반증서에 대한 별다른 이해 없이 주는 것이니까 받아 간다는 사람들이 가장 많고, 체험학습 보고서 대신 학교에 제출하기 위해 받아 가는 학생들도 종종 있다. 양반증서를 받고 보니 말 한마디, 행동 하나도 조심이 되고 묵직한 책임감도 생긴다는 어른도 만날 수 있었다.

양반이 지켜야 할 덕목. 그중에 지키기 어려운 것은 한 대목도 없다. 다만 생활하면서 소홀히 여겨지는 것들이 대부분이다. 매사에 조금 더 신중하고 남을 배려하는 마음을 갖은 사람이라면, 그 사람은 양반임에 틀림이 없다.

아라리촌장이 발행하는 양반증서는 한 장의 종이에 불과하지만, 자신과의 약속이라 생각하고 덕목을 지킨다면 그 가치는 감히 숫자로 계산을 할 수가 없을 것이다.

아라리촌에 촌장님은 지금도 양반증서를 발행하고 있다. 문화체험을 통해 양반이 지켜야 할 덕목을 마음속에 새기고 내 이름이 적힌 양반증서를 받았다. 체면만 생각하는 양반이 아니라 너그러움을 복으로 아는 양반이 되자고 다짐했다. (2008. 7. 9.)

사시장철 물살을 안고 뱅글뱅글 도는데

눈물이 핑 돈다.

넙죽 배를 깔고 엎드려 있는 모습이 멀리 보인다. 드디어 만나는구나 생각하니 가슴이 두근거린다. 차창으로 얼굴을 내밀고 모습을 급히 눈에 담지만 가까워질수록 점점 더 작게 보이는 것은 어인 조화일까. 꼬불꼬불 먼 길을 단숨에 달려와 만나는 기쁨보다는 터를 지키며 홀로 지낸 긴 세월의 흔적이 내 마음을 숙연하게 한다.

가까이 가서 두들겨 본다. 나를 반가워하기는커녕 흔들어도 반응이 없다. 아직도 잠을 자고 있나보다. 긴 여름을 할 일 없이 잠으로 채운다 해도 어쩌다 찾아 온 방문객을 엎드려서 맞다니.

백전리(화암면)에 조선 시대 때 만들어진 물레방아가 있다 하여 찾아 나섰다. 정선읍에서 차를 타고 한 시간 이상 달려서 간 곳은 정선군과 삼척시가 경계를 이루고 있는 지점의 하천변이다. 물레방앗간의 지붕이 주변 밭둑의 높이와 같아서 그냥 지나치기가 쉽다. 납작한 모양이 길 위에서 내려다보면 거북이가 배를 깔고 엎드려 있는 모습과 비슷하다.

백전리 물레방아는 우리나라에 남아있는 물레방아 중 가장 오래된 것으로 현재 유일하게 사용되고 있는 것이다. 정선 화암면 백전리 주민들과 삼척 하장면 한소리 주민들이 지역에서 생산되는 농산물을 도정하는 효율적인 수단으로 화전민들의 애환까지 담고 있는 중요한 생활용구이다.

백전리 물레방아는 떨어지는 물의 힘으로 바퀴를 돌려 곡식을 찧는 동채방아로 물레방아가 있는 이곳은 많은 지하수가 솟아 나오는 소(沼)가 있어 사시사철 풍부한 수량을 이용할 수 있다는 좋은 입지적 조건도 갖추고 있다.

물을 먹어 퉁퉁 불은 바퀴를 돌려 본다. 물레의 직경이 250cm나 되니 혼자 힘으론 어림도 없다. 더구나 이끼를 덮고 있으니 아무리 애를 써도 꼼짝 않는다. 물레를 잡고 낑낑대노라니 이웃 주민 한 분이 다가와 수로를 열어 준다. 보를 타고 흐르는 물이 물레 위로 떨어진다. 언제 그랬냐는 듯 가볍게 돌아가는 물레를 보며 자연의 힘 앞에 하찮은 인간임을 새삼 느낀다.

백전리 물레방아는 1992년 보수하여 1996년에 귀중한 민속자료로 강원도로부터 지정을 받았다. 상태가 아직은 양호하지만 지속적인 관리가 필요하다는 생각을 했다. 1사 1문화재 지킴이라는 새로운 운동이 확산되고 있지만 백전리의 물레방아는 아직 임자를 못 만난 듯하여 안타깝다. 하루속히 멋진 임자를 만나 지니고 있는 가치와 농경생활의 한 면을 유감없이 보여줄 수 있는 물레방아로 거듭나길 기대한다.

사시장철 물살을 안고 뱅글뱅글 도는데……. 정선아리랑 한가락 흥얼거리며 차에 오른다.

(2009. 7. 6.)

민둥산의 가을

제동골.

산길로 들어선다.

조롱조롱 매달린 빨간 오미자가 정상으로 오르는 길을 안내한다. 하늘을 찌를 듯 쭉쭉 뻗은 낙엽송이 산을 지키고 청설모 노닐다 간 잣나무엔 조각난 하늘이 걸려있다. 한낮인데 산속은 아직 잠에서 깨어나지 않은 새벽공기로 가득하다. 신선하다.

가을 길, 보랏빛을 띤 들꽃이 지천이다. 별개미취, 곤드레, 엉겅퀴, 구절초가 만개한 산길에 미처 달아나지 못한 이질꽃이 보라색 꽃잎을 달고 버티고 있다. 길가에 흐드러진 들꽃을 세며 걸어간 곳 멀리엔 민둥산 하얀 능선이 보인다. 국내 최대의 억새 군락지. 멀리서 봐도 그 넓이를 짐작할 수 있다.

1,119m 민둥산 정상에 선다. 사방을 둘러보아도 억새꽃뿐이다. 살랑이는 바람에 흔들리며 나부끼는 갈대의 향연. 잔잔한 파도가 밀려오는 외딴 섬

아침햇살에 반짝이는 은빛물결을 바라보며 서 있는 듯 착각을 한다. 산 정상인지 바다 한 가운데인지 잠시 넋을 잃었다.

파란 하늘, 높이 떠 있는 새털구름, 눈부신 햇살, 달콤한 바람, 억새꽃 따라 흔들리는 여심이 민둥산의 가을이다.

민둥산은 억새꽃으로도 유명하지만 석회암 지대에 잘 나타나는 돌리네(구덩이)가 발달한 카르스트 지형으로 널리 알려져 학술적으로 보존가치가 높은 곳이기도 하다. 카르스트 지형이란 석회암층으로 이루어진 지역에서 빗물에 의해 석회암(탄산칼슘)층이 용해되어 침식이 나타나는 지형을 말한다. 빗물에 섞인 이산화탄소가 석회암의 주성분인 탄산칼슘을 녹이는 역할을 하면서 석회암 지층 여기저기가 녹아 없어지고 그로 인해 땅이 안으로 움푹 꺼진 것을 돌리네라고 한다. 단양·정선·삼척·영월 등 석회암 지대에 카르스트 지형이 발달해있다. 민둥산 아래 '발구덕'이란 마을 지명도 8개의 돌리네가 있다는 것에서 유래되었다고 한다.

「억새, 그 영원한 생명력」이라는 주제로 10월 한 달 동안 민둥산 억새꽃 축제가 진행된다. 민둥산 산신제를 시작으로 각종 공연과 다양한 프로그램이 마련되어있다. 10월 한 달 동안 매 주말마다 등반대회를 열어 참가자들에게 푸짐한 경품을 나눠 준다고 하니 꿩 먹고 알 먹고 일석이조가 아닐까.

들판에 서면 곡식 익는 냄새가 물컥물컥 코를 찌르고 탱글탱글 알밤 익는 소리에 덩달아 민둥산의 가을도 익어간다. 파란 하늘가에 한 땀 한 땀 억새꽃으로 수를 놓는다. 아름다운 계절 민둥산을 찾는 모든 사람들에게 행운이 함께 하길 바라는 맘으로……. (2010. 9. 20.)

떡갈나무와 도토리

빨간 몸을 드러낸 채 산속에 웅크리고 앉아있다.

며칠 전 내린 눈도 낙엽을 덮고 추위에 떨고 있는데 떡갈나무 작은 열매는 겁도 없이 알몸으로 겨울을 맞는다.

오랜만에 배낭을 메고 집을 나선다. 입동이 지나고 한파주의보가 내려진 차가운 날씨다. 하늘은 파랗게 열려 있고 햇살은 얌전한데 간간이 부는 바람은 기침소리를 몰고 오는 찬 겨울바람이다.

비가 오지 않아 흉년이 들 때 고을 원님이 목욕재계하고 올라가 기우제를 지내면 비가 왔다는 기우산(祈雨山), 비가 오기를 빈다는 예쁜 한글 이름의 물빌산으로 방향을 잡는다. 산 밑에 주차를 하고 행장을 챙겨 들고 산길로 들어선다.

곳곳에 가시지 않은 가을의 뒷모습이 남아있다. 언덕배기 긴 밭에 말갛게 언 무 배추, 계곡을 따라 올라가노라니 찔레꽃이 진 자리에 빨간 열매가 양지를 향해 길게 목을 빼고 있다. 가을과 겨울을 함께 느끼며 구름 한 점 없는 하늘에 뽀얀 입김을 토해낸다. 맑은 하늘을 마신다.

얼마나 걸었을까. 큰 소나무 아래 언뜻 보아도 아늑하고 편안한 자리에 둘레가 한 아름이 훨씬 넘을 원통형의 화강암 석물이 보인다. 가까이 가 보니 원통형의 머릿돌에는 연꽃문양이 조각되어 있고 앞쪽으로는 글씨가 새겨져 있다. 기우산 가는 길에 우암사라는 작은 암자가 있는데 그 암자에 계시던 주지 스님의 사리를 모신 곳이라고 한다. 스님의 사리. 숙연한 자세로 잠시 묵념한다.

텅 빈 우암사 마당 끝에 내가 서 있다. 신도들이 머물렀을 처소로 가는 길에 은행잎이 노랗게 쏟아져 있다. 아무도 밟지 않아 빛과 모양이 그대로 살아있다. 또 한 번의 늦은 가을을 만난다.

기우산 정상으로 가는 길이 가파르다. 듬성듬성 돌계단이 놓여있지만 짧은 다리로 내딛기엔 벅찬 길이다. 턱까지 차오르는 숨을 고르고 애써 태연한 척 산을 오르지만 다리는 천근이고 마음은 따끈한 아랫목에 있다. 오르고 내려올 시간을 어찌 참아내야 할까 걱정은 태산인데 맑은 공기와 앙상한 겨울 산의 매력이 나를 고통에서 해방 시킨다. 산의 7부 능선부터 정상까지는 떡갈나무 숲이다. 갈색 떡갈나무 잎이 카펫처럼 깔린 산속의 풍광을 말로 다 할 수 없음이 안타까울 뿐. 입에서 떠날 줄 모르는 한 마디 '참 좋다! 참 좋다!' 두 팔을 벌리고 사방을 빙빙 돌다 보니 어느새 내 몸은 새털처럼 가볍고 머릿속은 수정처럼 투명하다. 자연에서 얻는 나만의 행복이다.

발밑에는 도토리가 지천이다. 미끄러워 걸을 수가 없다. 껍질까지 다 벗고 빨간 속살을 드러낸 채 모여 앉아있다. 추위에 떨고 있는 놈부터 하나씩 주워 모은 것이 주머니로 하나다. 다람쥐도 안중에 없다 도토리 줍는 재미에 푹 빠졌다. 하늘이 손에 닿을 듯 머리 위에 있는 걸 보니 정상이 멀지 않음이라. 사각사각 낙엽을 밟으며 정상으로 향한다. 눈으로 보고 손으로 만지고 소리를 듣고 냄새를 맡으며 살아 숨 쉬는 내 심장 소리와 마술 같은 산의 정기를 발끝으로부터 얻는다.

기우산 표지석이 세워진 정상에 올랐다. 절정을 정복하고 눈 아래 펼쳐진 군산(群山)을 바라본다. 가슴을 활짝 펴고 크게 소리쳐 하늘에 한 점 흔적을 남긴다. 마음속에 남은 작은 짐들까지 모두 내려놓은 이 기분, 최상의 기쁨을 누려보지 아니한 자는 모를 것이다.

내려오는 길

기우산 7~8부 능선에는 신월산성이 위치하고 있다. 축조 방법이나 형태로 보아 삼국시대 이전의 것이라 하나 오랜 세월이 지나 성벽은 허물어지고 형체도 현재 알아보기 힘들 정도며 윤곽만 겨우 남아있을 뿐이다.

성터 주변 떡갈나무 숲에는 일곱 개의 석탑이 있다. 길이 약 100미터 폭 1미터의 돌담도 구불구불 자리를 차지하고 누워있다. 떨어진 떡갈나무 잎과 잘 어우러진 돌담은, 향토사 연구회 한 회원이 일곱 개의 돌탑을 쌓다가 성터를 복원해야겠다는 생각에 도를 닦는 마음으로 축조한 성이다. 기우산의 또 다른 명물로 태어난 일곱 개의 석탑과 나지막한 돌담. 등산객들에게 편안한 쉼터가 되는 것 또한 석공의 바람이라고 한다.

7호 석탑 아래서 배낭을 풀었다. 컵라면에 뜨거운 물을 부어 면을 익힌다. 딱딱한 김밥과 따끈한 라면 국물이 천상배필인 것을 산에 와서 알았다. 커피 한 잔을 곁들이니 금상첨화라. 보온병에 남은 물을 비닐봉지에 넣으니 훌륭한 손난로가 된다. 꽁꽁 언 손을 녹이기엔 딱! 이다.

'석이바위 전망대'라는 표지판이 보인다. 7호 석탑에서 동쪽으로 약 100m 지점이다. 낙엽에 발목이 푹푹 빠지는 길 끝에 큰 바위가 있다. 석이버섯이 사철 달린다고 하여 석이바위라 이름 붙여진 전망대에 올라서니 동, 서, 북쪽으로 펼쳐진 시내가 한눈에 들어온다. 게딱지처럼 다닥다닥 붙어 있는 집들, 내가 사는 아파트, 백수(百壽)를 누리시던 아버님 집도 보인다. 시내를 가로질러 힘차게 흐르는 조양강 줄기와 새로 난 도로가 산허리를 뚫고 도시로 치닫고 있다.

자연은 보배다. 어느 누구의 것도 아니다. 자연과 함께 숨을 쉬고 그 속에 내가 사는 것을 사람들은 알고 있을까. 뻥 뚫린 산허리와 차가운 아스팔트를 보니 다시 마음이 무거워진다. 자연은 언제쯤이면 인간의 고통에서 벗어날 수 있을까.

떨어져 나뒹구는 도토리의 알몸이 걱정돼 마지막 한 잎까지 모두 내어주고 앙상한 가지만 잡은 채 겨울을 준비하는 떡갈나무의 도토리 사랑 법을 배운다. 자연이 품어주는 따뜻한 기운을 또 느끼고 싶다.

(2009. 11. 23.)

산에서

옥갑산에서 내려오는 바람에게 옥갑사가 어디냐고 묻는다.

콸콸 계곡을 흐르는 거센 물살을 붙잡고 옥갑사 가는 길을 알려 달라고 떼를 쓴다. 계곡을 건너 계곡을 따라 산길을 걷는다. 폭우가 쓸고 간 길은 통나무가 가로누워 쓸려 간 길을 대신한다. 물소리 바람소리 새소리 벗 삼아 걷는 길에 한 줄기 볕이 파고든다. 잎에 반사되는 빛이 안개처럼 뽀얗다.

발끝에 차이는 도토리를 줍다보니 어느새 옥갑사 마당이다. 커다란 은행나무 두 그루와 더 큰 전나무 한 그루가 절을 지키고 있다. 작지만 오래 돼 보이는 대웅전이 양지쪽에 앉아있고 마당가 긴 빨랫줄엔 스님의 장삼이 여러 벌 널려 있다. 열린 문틈 사이로 가지런히 놓여있는 다기 세트가 보인다. 차를 우려낼 물을 길으러 샘터에 가셨는지 스님은 아니 보이고 햇살만이 가득하다. 구름이 지나가는 소리만 겨우 들리는 조용한 산사에 내가 서 있다.

하늘을 보니 파란색이다. 손에 잡힐 듯 뭉게구름이 둥실 떠간다. 스님이 합장을 하고 별채에서 나오신다.

스님이 투박한 손으로 정성껏 우려낸 차 한 잔을 권한다. 하동에서 온 보이차란다. 녹차 밭의 향기가 그대로 찻잔 속에 녹아있다. 염불 소리가 간을 맞춘 차라 하시니 그 맛이 일품이다. 산길에서 얻은 갈증을 한 잔의 차로 가볍게 날려 버리고 길을 나선다. 더 높은 곳에 있는 상옥갑사를 향해서 다시 걷는다. 한 사람이 겨우 갈 수 있는 오솔길, 그마저 코에 닿을 듯 경사가 급하다. 숨소리가 거칠어진다. 이마에 땀방울이 맺히고 등줄기가 축축해 온다. 바위에 걸터앉아 배낭을 열고 구름을 따서 담는다. 통통한 배낭을 어깨에 메니 둥실둥실 구름처럼 발걸음 가볍다. 상옥갑사로 오르던 길은 어디서부터 잘못 됐는지 어느새 1,285m 정상, 구름처럼 사뿐히 올랐다.

빵 한 조각 커피 한 잔으로 요기를 하고 서둘러 하산을 한다. 이미 늦은 오후라 짧은 해가 발걸음을 재촉한다. 물 흐르듯 미끄러지며 내려오는 길은 엉덩방아를 찧어도 재미있다. 억새꽃이 온몸을 흔들어 배웅을 한다. 노란 산국이 길을 밝혀 무사히 하옥갑사에 다다른다.

크게 숨 한 번을 쉬고 스님과 인사를 나눈다. 못 들린 상옥갑사의 미련을 버리지 못하고 다시 올 이유로 남겨 둔다. 계곡의 물소리는 여전하다. 폭포를 이루고 흐르는 물줄기만 봐도 옥갑산의 급한 경사를 짐작하고도 남음이라. 계곡은 이미 찬바람으로 가득하고 숲은 더위에 지쳐서 누울 준비를 한다. 해는 기울어 긴 그림자만 남기고 옥갑사 풍경소리는 점점 멀리 들린다. 시가지가 보이고 쌩쌩 달리는 차들이 보인다. 또 다른 시간이 나를 기다린다.

산을 찾는 자는 덕이 있는 자요 물을 찾는 자는 지혜로운 자라 했거늘. 자연을 보고 자연을 배우는 마음이 살아가는 근본이라 하면 물소리 새소리 어느 것 하나 소홀함이 없어야 한다는 가르침이라 생각했다.

'처음에는 어렵다고 하지만, 올라감에 따라 그 어려움을 더는 것은 산의 자연이다.' 단테는 일찍이 덕의 길은 처음엔 어려우나 나아감에 따라 쉬워진다고 말했다. 산을 오르듯 덕을 쌓는 일 또한 한 걸음 한 걸음 꾸준히 도량을 따라서 오르는 길이리라.

떫은맛을 우려내려고 물속에 담가 둔 도토리가 갈색을 토해내기 시작한다. 말 못하는 도토리도 제 몸에 필요한 것과 버려야 할 것을 구분한다. 쌓아 놓고만 살자했던 내 욕심에 일침을 가한다. (2010. 9. 26.)

백석산의 주인

녀석도 사람소리가 그리웠나 보다.

몇 번을 꼼지락꼼지락 바닥을 흔들고 뽀글뽀글 공기방울을 내 뿜더니 살며시 고개를 내민다. 실컷 퍼 먹고 남은 물위로 등껍질이 투명하고 집게발이 몸뚱이 보다 긴 가재 한 마리가 고개를 들고 두리번두리번 사방을 살핀다. 사진으로만 보던 가재가 눈앞에 있다. 귀엽고 신기하다. 산 들머리에서 처음 백석산의 주인을 만나 기념촬영을 한다. 바위 위에 앉혀놓으니 집게발을 높이 들고 얼짱 각도에 맞춰 폼을 잡는다. 카메라를 쳐다보고 웃을 줄도 아는 제법 똑똑한 녀석이다. 백석산 정상까지는 아직도 먼데 샘터 가재 한 마리에 발목이 잡혀 넋을 놓고 앉아 있다. 산행을 독촉하는 일행들의 성화에 샘터는 가재에게 맡기고 다시 산을 오른다.

하얀 돌이 많아 백석산(白石山)인가. 크고 작은 바위들이 모두 흰 띠를 두르고 있다. 그 많은 바위에 수정처럼 반짝이는 하얀 돌들이 꼭꼭 박혀 있고 이끼까지 끼어 있어 바위를 볼 때마다 한 폭의 산수화를 보는 듯 지루한 줄 모르고 산을 오른다.

쓰러져 누운 나무에는 운지버섯이 가득 피어 하늘의 구름보다 더 멋진 모습으로 우리를 반긴다. 가끔 먹을 갈고 붓을 들어 화선지를 채워보지만 흉내조차 낼 수 없는 자연의 힘 앞에 보잘 것 없는 인간임을 새삼 느끼며 터덜터덜 정상을 향해 걸음을 옮긴다.

아무도 가지 않은 오솔길. 옷을 벗은 앙상한 나뭇가지 사이로 움직이는 뭔가가 보인다. 모두들 숨을 죽이고 걸음을 멈춘다. 날씬한 다리를 갖은 고라니다. 두 번째 만난 백석산의 주인이다. 큰 놈과 조금 작은 놈. 두 마리가 얼기설기 정답게 거닐며 한가롭게 놀고 있다. 부부일까, 형제일까, 부자일까? 녀석들은 우리가 하는 소리를 들은 모양이다. 놀라기라도 했는지 사뿐사뿐 긴 다리로 날듯이 뛰어 간다. 잠깐 사이에 산 중턱까지 도망을 친다. 혼자가 아니라서 행복한 고라니, 멀리 보니 두 마리가 더 예쁘다.

낙엽을 밟으며 또 걷는다. '가을엔 편지를 쓰겠어요.' 어느새 콧노래가 새어 나온다. 꿀밤나무 넓적한 잎에 크레파스로 겨울에 받을 가을 편지를 쓰고 싶다. 낙엽 몇 장을 주워 가방 깊숙이 넣는다.

아름드리 소나무와 쭉쭉 뻗은 낙엽송 숲을 지난다. 겨우살이 군락지가 그림처럼 펼쳐진다. 쌀랑한 공기와 발아래 보이는 봉우리들이 내가 서 있는 곳이 높은 곳임을 말해준다. 정상이 가까워지자 곳곳에 멧돼지의 흔적이 보인다. 한두 마리의 소행이 아닌 듯 땅은 마구 파헤쳐있고 멧돼지의 것으로 보이는 따끈한 배설물이 우리를 불안하게 한다. 1,238m 정상에 도착했지만 전망대까지는 20여분 더 걸어야 한다. 마음을 졸이며 걷는 길에서 백석산의 세 번째 주인을 만난다. 멧돼지 세 마리다. 녀석들은 사람 숫자가 더 많음을 눈치 챘는지 산 아래로 줄행랑을 친다. 다행이지만 새파랗게 질렸던 일행들의 표정은 쉬이 녹을 줄 모른다.

아무 일도 없었던 것처럼 전망대에 앉아 한 여인이 너스레를 떤다. 돌이 백 개 있어 백석산인줄 알았다는 그녀, 돌 하나를 집으로 가져갈 생각이란다. 그 다음 바뀔 산 이름이 궁금했다나.

가재 한 마리, 고라니 두 마리, 멧돼지 세 마리. 백석산의 네 번째 다섯 번째의 주인은 어떤 동물일까 살짝 기대하며 산을 내려온다. 7시간 30분의 겨울 산행. 설핏 기우는 서산의 해가 집으로 향하는 발걸음을 재촉한다.

- (『아라리』 2010. 12.)

| 축하의 글 |

엄마의 꿈

유상희 (저자의 장녀 / 수필문학으로 등단(2009. 11.) / 한국외국어대학교 근무)

저는 선생님입니다. 학생들에게 지식을 전달하기보다는 그들이 나와 공부하는 동안 가슴에 작은 꿈 하나씩 품고 가길 바라는 마음으로 수업보다는 잔소리를 더 많이 하는 선생님입니다. 몇 년째 입버릇처럼 모두에게 꿈이 있어야 한다고, 꿈은 그렇게 소중한 것이라고 말하고 있던 저는 엄마의 책이 드디어 세상으로 나온다는 이야기를 듣고 가슴이 '쿵'하고 내려앉았습니다. 꿈을 가져야 할 '모두'에 우리 엄마만 예외일 리 만무한데 단 한 번도 엄마의 꿈을 궁금해 하지 않았던 딸이었다는 것을 그제야 알아 버린 탓이었습니다. 셀 수 없는 날을 비와 눈을 헤치고 수필을 배우러 다녔던 엄마의 꿈이 얼마나 오래고 간절했는지 한 번이라도 물어봤다면 그 길의 피로감이 조금은 덜하지 않았을까요. 그럼에도 엄마의 글에서만큼은 저는 꽤 괜찮은, 아니 누구보다 완벽한 딸이 되어 있었습니다. 네, 제가 바로 그 '해밀'입니다.

아빠에 대한 글을 쓴 적은 있었지만 모든 딸이 그러하듯 '엄마'라는 두 글자에 괜히 힘이 들어가 차마 시작할 엄두도 낼 수 없었던 엄마의 이야기를, 결국 엄마의 책의 지면을 빌려 몇 자 적어 보려고 합니다.

「자식 자랑 돼라」에 엄마가 쓰셨듯이 사실 '베토벤'은 엄마와 저 사이에 빼놓을 수 없는 사람입니다. 아직 그 책의 표지와 두께, 종이의 재질마저도 또렷이 기억할 정도니까요. 이유 없이 엄마의 독후감을 원고지에 옮겨 개학식 때 가져갔던 것이 모든 이야기의 시작이 될지도 모르겠습니다.

그렇게 엄마의 글을 옮겨 적기를 몇 번, 심지어 엄마의 글씨가 채워진 원고지를 그대로 내기도 했던 기억도 몇 번. 그렇게 시간이 지나며 저는 초등학교 때부터 교내외 글짓기 공지가 나오기가 무섭게 모든 공문을 낚시하듯 집으로 물고 들어왔습니다. 엄마의 손이 닿지 않게 된 것이 언제인지 정확히 기억은 나지 않지만 엄마의 바람대로 그때부터 '글짓기 대회'는 당연히 내가 해야만 하는 일이 되었습니다. 그리고 엄마와의 글짓기 투어가 시작되었습니다. 초등학교 때부터 고등학교 때까지 셀 수 없이 많은 글짓기, 백일장, 국어 경시 대회, 문학 캠프를 다니며 사실 그것은 엄마의 실력이 아니라 내 실력일지도 모른다는 건방진 자신감을 갖게 되었습니다. 초등학교 2학년 때 엄마가 기대하셨던 그 자신감을 말입니다. 제가 모든 대회와 캠프, 경시장에 겁 없이 들어설 수 있었던 것은 글을 다 쓰고 나오면 결과에 상관없이 수고했다 말해 줄 엄마가 기다리고 있었기 때문이었습니다.

돌아보면 그때만큼 엄마와 단둘이 시간을 보낼 날도 많지 않았는데 더 많은 이야기를 나누지 못하고 대학에 간 것이 좀 아쉽기는 합니다. 그리고 이상하게도 대학생이 되니 어느 순간 엄마가 무섭지 않아지는 신기한 경험도 하게 됐습니다. 사실, 학창시절 모녀 관계는 아무리 친구 같다고 해도 친구가 될 수는 없다는 것을 세상의 모든 엄마들은 모르시는 것 같습니다. 성적표를 마주한 모녀 관계는 더 이상 친구일 수 없고, 가끔은 갑을 관계가 되기도, 가끔은 성적표 앞에 죄인이 되기도 한다는 사실을 말입니다. 그리고 언젠가 닥칠 그 날을 위해 딸들은 평소에 엄마에게 최대한 친구가 되려고 노력을 한다는 사실도 말입니다. 그런데 집을 떠나 대학에 가고 나니 엄마가 무섭지 않아지더라고요. 그저 나 없이 잘 지내고 있는지, 심심하지는 않은지, 아픈 데는 없는지 궁금한 것 투성이라 전화를 했다 하면 한두 시간은 거뜬히 넘기고 새벽이든 낮이든 기숙사든 강의실 가는 길에서든 시시껄렁한 수다로 시간을 보낼 사람이 엄마밖에 없었습니다.

제가 더 이상 고등학생이 아니라서 좋았던 것 중 하나는, 엄마와 말이 통하는 나이가 됐다는 것입니다. 어른이 된 여자들끼리 나눌 수 있는 이야기, '나 글 좀 쓴다' 하는 사람들끼리만 할 수 있는 이야기를 다른 사람 아닌 엄마와 할 수 있다는 것이 얼마나 기쁜지 가져 보지 못한 사람은 모를 겁니다. 계속 글을 써야 하는 전공을 택한 제가 문장이 막힐 때마다 사전 대신 엄마 전화번호를 누를 수 있었다는 것, 그때마다 엄마는 내 머릿속을 들여다보기라도 한 듯 고갈된 단어와 감성을 충전해 줬다는 것, 내가 보기에도 너무 예쁘게 잘 써진 글을 자신 있게 읽어봐 달라며 보낼 사람이 다름 아닌 엄마라는 것, 이 세 가지 사실이 제 대학 생활을 버티게 해준 힘이었습니다. 문학 특기생, 예고 출신이 즐비한 대학에서 쫄지 않고 글을 쓸 수 있었던 비결이 바로 이것이었습니다.

제가 '글 쓰는' 사람으로 성장해 듣을 본 건 엄마도 마찬가지일 겁니다. 엄마가 쓰는 모든 글의 첫 독자는 바로 저였으니까요. 완성된 엄마의 글을 받아 보는 기분은 참으로 묘합니다. 왠지 말로는 쑥스러워 못했던 속마음을 들여다보는 것 같기도 하고 엄마를 위해 더 좋은 단어를 찾으려 애쓰는 제 자신이 대견하기도 해서 전공책보다 엄마의 글을 더 유심히 정성껏 읽었습니다. 그렇게 정성껏 읽어도 고작 할 수 있는 말이라곤 '좋다'는 한마디뿐이었으나, 엄마가 내게 그렇듯 엄마에게도 당신의 글을 자랑할 수 있는 딸이 되어 줄 수 있어 다행이라는 생각에 며칠씩 붕붕 떠다니곤 했습니다.

그렇게 대학 생활을 마치고 여러 글 쓰는 직업을 거쳐 대학원 입학을 결정했을 때 엄마는 저를 응원한다고, 하고 싶은 거 하라며 참 많이도 우셨습니다. 그리고 그 눈물의 의미를 이번 엄마의 글을 통해 비로소 알게 되었습니다. 기어코 꺾었던 저의 꿈을 제가 늦게나마 찾아간다고 가슴이 많이 아프셨나 봅니다. 제가 그때 그 마음을 알았더라면 전혀 그렇지 않다고, 엄마 덕분에 스물일곱이 되어서도 새로운 꿈을 꿀 수 있는 사람이 되었다고, 엄마가 내 길을 막은 게 아니라고, 그러니 슬퍼하지 말라고 말했을 텐데 그러지 못한 것이 내내 후회로 남습니다. 대학원 공부를 하는 동안 대학 때보다 다소 수준이 높아진 제 고민을 들어 주기 위해 엄마는 몰래 공부도 많이 하셨을 겁니다. 전공자도 이해하기 어려운 제 논문을 이해하시려고 같은 질문을 반복 또 반복하셨어도 저는 늘 친절했습니다. 여전히 내게 그런 엄마가 있음에 감사했기 때문입니다.

저는 그렇게 천군만마 같은 엄마를 등에 업고 대학원을 졸업하고, 꿈꾸던 새 일을 시작했고, 결혼을 하여 한 남자의 아내가 되었습니다. 지금도 저는 지금까지 그래왔듯 반찬을 하다가 고추장과 고춧가루가 헷갈리면 엄마 전화번호를 누르고, 빨래에 얼룩이 안 져도 엄마 전화번호를 누르고, 신랑이 늦어 혼자 밥을 먹는 날에도 엄마 전화번호를 누릅니다. 그리고 엄마는 10년이 넘게 학교 기숙사로, 바다 건너로, 자취방으로 보내던 택배 박스를 신혼집에까지 보내고 있습니다. 우리의 이야기 주제가 조금씩 '아줌마' 스러워지던 찰나, 얼마 전 엄마의 글을 받은 것은 참 오랜만이었습니다. 낯설면서도 반가운 메일에 미안한 마음이 먼저 들었습니다. 인생에 '결혼식, 드레스, 신혼여행'밖에 없던 나의 그 오랜 시간 동안 엄마는 누구와 이 많은 글들을 이야기하며 마침표를 찍었을까. 그리고 문득 난 과연 이런 친정 엄마가 될 수 있을까 하는 생각이 들었습니다. 서른이 넘은 딸과 꿈을 이야기하고, 책을 내는 설렘을 함께 나누고, 시시콜콜한 일상을 나누며, 때마다 시골맛 나는 된장과 고추장을 나눠 먹을 수 있는 친정 엄마가 될 수 있을까 하는 생각 말입니다. 엄마가 보내준 된장 그릇에 붙어 있는 '2014, 된장'이라는 글씨를 볼 때마다 가슴이 먹먹하지만 그래도 제게 하나 희망적인 것은 엄마가 늘 하는 말 한마디입니다.

"니가 날 닮아서 그래."

사소한 습관에 나조차도 내가 왜 이럴까 싶어 엄마에게 털어 놓을 때면 엄마는 늘 내가 당신을 닮아 그렇다고 합니다. 엄마도 어렸을 때 그랬노라고. 그렇다면 저도 엄마 같은 엄마가, 엄마 같은 수필가가, 엄마 같은 선생님이 될 수 있지 않을까요?

아마도 이 글을 쓸 수 있지 않을까 기대했을 우리 아빠, 그리고 더 멋진 글로 축하해주셨을 많은 작가분들 대신 제가 엄마 딸이라는 이유로 이 지면을 쓰게 되어 부끄럽습니다. 하지만 제가 감히 이 글을 쓰겠노라 다짐했던 것은 엄마가 제게 '해밀'이라는 이름을 지어준 것, 그날 베토벤 독후감을 대신 써 준 것, 저의 전공을 반대한 것을 후회하지 않았으면 하는 마음에서였습니다. 이 모든 이야기는 그날 엄마가 써준 독후감 덕분에 가능했다는 것을, 그래서 엄마의 바람대로 큰딸은 지금 누구에게도 기죽지 않고 자신 있게 살고 있다는 것을 알아주기를 바라는 마음도 있었습니다.

글을 쓰고 보니 아름다운 여인 그 자체로의 '이은희'보다, 엄마 '이은희'로 살아온 날이 더 많은 것 같아 문득 슬픈 마음이 생깁니다. 하지만 지금 제 행복이 엄마의 시간과 사랑을 빚져 생긴 것인 만큼 남은 엄마의 생에 사랑 고프지 않게 곁을 지키는 딸이, 글 친구가 되는 것으로 그 빚을 갚아 보려 합니다.

모두에게 꿈은 꼭 필요하고, 모두의 꿈은 그 경중을 따질 수 없이 소중합니다. 엄마의 꿈이 이뤄지는 이 순간을 함께할 수 있어 감사하며 가슴 깊이 축하합니다. 엄마의 다음 꿈은 부디 외롭지 않게 함께 그려 주겠습니다. 그리고 오늘, 저는 엄마 같은 사람이 되겠다는 꿈을 감히 가져 보려 합니다.

마지막으로, 한 마음으로 엄마의 출간을 축하해주시는 분들 그리고 제 긴 글을 읽어 주신 모든 분들께 감사의 인사를 드립니다.

수필가 이은희(李銀姬) 씨와 그의 작품 세계

許 學 秀

(수필가 · 수필문학추천작가회 前 회장)

· 수필가 이은희 씨

인연이란 인생의 인과 관계에서 끊을 수 없는 사연과 내력이다. 이런 인연은 만남에서 이루어지고, 만남 중에서도 사람과의 만남이 주류를 이룬다.

나에게 가장 소중한 인연은 수필가 이은희 씨와의 만남이다. 우리는 문학 중에서도 수필의 문을 두드렸고, 추천에서도 월간 『수필문학』에 등단하였으니 자연히 '수필문학추천작가회'의 동인이 된 셈이다.

이은희 씨의 첫 인상은 은은하고 잔잔하며 조용하고 청순하였다. 다가서는 상대에게 거부감을 주지 않고 진지하게 대화하는 정나미가 넘쳐흘렀다. 과연 그는 각종 모임이나 행사는 물론, 그의 작품을 대하면 독자의 호감과 호기심을 유발시키는 흡인력이 강하였다.

수필가 이은희 씨의 인생 좌우명은 외유내강(外柔內剛)과 견리사의(見利思義) 그대로인 성싶다. 무슨 일이든지 옳고 바르다면 '나도 할 수 있다. 하면 된다. 일단 해 보자'라고 단단히 벼르면서 다짐한다. 부드럽고 순수하며 곱고 아름다운 여자로서, 인내와 끈기로 도전하고 개척하는 강인한 추진력은 그에게 시종일관 포기와 후회는 있을 수 없다.

이런 모습으로 문학의 길에 전력을 다한다면 수필가로서의 명성을 떨치고 대가의 반열에 동참할 수 있을 것을 의심치 않았다. 사람 사는 세상! 사람은 바빠야 하고 할 일이 많아야 한다. 이은희 씨 역시 무척 바쁜 가운데 하는 일이 많은 사람이다.

굳이 세목을 들 수는 없어도 정선아리랑 문화재단 이사 재직 당시에는 전국청소년 문학상 제도를 창설하였고, 정선아라리 기자 때에는 정선군의 향토문화와 자연경관을 홍보 소개하여 전국의 관광객 유치에 큰 성과를 내었었다. 현재에도 청소년의 방과 후 수업과 성인문해 강사로서의 역할과 상담활동은 수필가 이은희 씨의 삶의 행복을 가꾸는 생활의 여백이라고 할까.

수필이 체험과 진실을 바탕으로 개성적 자아를 그려내는 사실적 문학이라면, 그는 수필가의 반열에서 추호의 손색이 없는 동인으로 활동할 것임을 내심으로 확신하였다.

· 심곡(深谷)의 샘물 같은 신선한 작품

이은희 씨의 작품은 간결하면서도 단순하여 독자들이 쉽게 이해하고 친근감을 자아낸다. 단어의 선택이 치밀하고 문장의 구성과 단락에 이르기까지 참신하고 간편하여 작품의 주제를 쉽게 파악할 수 있다. 다시 말하면 일상적인 삶에서 착상한 소재를 평범한 언어로 구사하여 독자로 하여금 금방 호감을 갖게 하고, 미지의 호기심을 유발하여 여운을 남기게 한다.

그의 작품 주제 방향은 상대에 대한 배려와 동정이며 정서의 함양을 통한

인도적 애정(哀情)이다. 사물을 대할 때마다 역지사지의 심정으로 예리하고 민첩하게 관찰한다. 외형으로 표출되는 형상을 날렵하게 묘사하면서 내면의 세계를 관조하는 성정이 열렬하다.

여기에는 대상을 관철(觀徹)하는 통찰과 인내에 상응하는 겸손과 양보가 있어야 한다. 상대와 동고동락하는 생생한 경험과 인간 본연의 애정이 있어야만, 작자가 목표로 하는 이미지를 주제의 방향으로 이끌어 하나의 작품이 형상화되는 것이다.

부연하면 그는 수필은 나의 체험을 소재로 내가 쓴 나의 글이라는 실감을 확인시켜 준다. 난해한 어구나 희귀한 문장이 아니라 독자의 마음을 편안하고 여유롭게 다독이며, 누구나 쉽게 다가가서 대화하고 읽고 싶은 다정다감한 글이다.

큰딸의 아호는 '해밀'이다.

순수 우리말로 '비온 뒤에 맑게 개인 파란 하늘'이라는 뜻이다. 서른 가까이에 살고 있는 그 아이의 정신세계는 아직도 세 살 적 맑은 모습 그대로다, 천진난만하다. 순수하고 작은 것에도 큰 감동을 받는 아이, 가끔은 세상 물정 모르는 조선 시대 여인 같지만 유학까지 다녀온 외유내강의 예쁜 숙녀다.

그 아이가 어릴 때, 토라져서 엉엉 울다가도 이름만 부르면 "네"하고 높은 소리로 대답하고 인제 울었냐는 듯 손등으로 눈물을 훔치고 웃으며 달려오곤 하였다. 어느 해 장맛비 그친 파란 하늘을 보며 '큰아이랑 많이도 닮았구나.' 하는 생각을 했다. 비 개인 후 조각난 파란 하늘을 닮은 큰아이는 수필가이다. …(중략)

둘째의 아호는 '청아(靑我)'다.

둘째를 생각하면 '독야청청(獨也靑靑)'이란 말이 제일 먼저 떠오른다. 홀로 푸르다. 홀로 높은 절개를 지켜 늘 변함이 없음을 나타내는 이 사자성어는 둘째를 두고 한 말인 것 같다. 초심을 잃지 않고 한결같은 마음으로 둘째의 성격을 나는 푸를 '청'에 비유를 하고, 앞으로도 지금처럼 살아주길 바라는 맘을 가득 담아 선물했다. 성년의 날 낙관과 아호를 받아든 아이는 부모님의 뜻을 잘 받들어 열심히 살겠다는 각오를 다졌다. 그 아이는 고등학교 교사가 되었다.

막내는 아들이다.

어려서부터 귀남이라고 부르던 아이다. 그 아이가 올해 성년의 날을 맞았다. 그 아이의 아호는 '정행(正行)'이다. 20년 자라면서 한 번도 정도를 이탈한 적이 없다. 학교에서도 걸어 다니는 모범 답안이라는 별명이 붙은 아이다. 앞으로도 지금까지처럼 바른 길로, 바른 행동 바른 생각만 하면서 살기를 바라는 마음을 담았다. …(후략)

-「겸손한 이름」 중에서

가정은 '나'의 인생이 오롯이 담긴 곳이다. 내가 태어나서 이승의 마지막 순간까지 내 삶의 터전이며 운명의 정착지이다. 이런 점에서 가족이야기는 이 세상 누구에게나 절실하고 간절한 사연의 핵심 줄거리이다.

「겸손한 이름」은 작가 이은희 씨의 처녀 수필집 표제작이다. 말 그대로 3남매의 이름이 모두 바르고 깨끗하고 정직하고 겸손하다. 비온 뒤에 맑게 갠 파란 하늘! 가을 하늘이 제아무리 푸르고 높다 해도 비가 갠 뒤 먹구름이 씻겨

간 그 고공만큼 청천은 없을 것이다.

작가는 '해밀'의 아호처럼 청정하고 영롱하며 세상 물정에 서투를 정도로 순진하고 소담한 딸아이에게 자신의 심신을 희생하듯 전부를 맡기고 있다. 자식이 부모의 분신이고 부모가 자녀의 표본이라는 말은 지나침도 없고 과언도 아니다. 표제 작품에서 작가는 천륜의 정을 큰딸에게 투신하면서도 또 다시 이어지는 둘째와 셋째에게도 똑같은 애정으로 평행의 미담을 아끼지 않는다.

그는 수필집 서두에서 진실과 정직을 좌우명으로 인간 내면의 미학을 배양한 사람만이 글쓰기의 대열에 우뚝할 수 있다는 제삼의 은유를 슬그머니 인용하고 있다.

큰아이는 엄마의 길을 닮고 밟아 수필가가 되었고, 동생은 여자의 최상 지표인 정절과 지조를 담은 '청아'를 아호로 간직하면서 신성한 교단생활을 하고 있다는 서술이다. 독자는 작가의 작품 '겸손한 이름'에서 이미 수필가 이은희 씨의 인간 세계와 여러 작품의 방향은 물론, 주제의 흐름도 대략은 짐작할 수 있을 것이다.

그런데 기우인지 몰라도 흔히 수필가의 가정사 이야기는 자칫 지나친 신변잡사로 흐르기 쉽다. 어쩌면 나만이 겪는 특이하고 독창적인 소재인 양 시시콜콜 세목을 들추면, 순간에 문학의 작품성은 달아나고 독자는 진부한 고전처럼 고개를 돌리고 거리를 두게 된다. 아니, 더러는 자기 미화를 핑계 대는 변명과 잔소리로 포장하기에 수필의 참신성과 간결성을 추락시킨다.

예외는 아닌 문장이 퍼뜩 지나간다. '둘째를 생각하면 독야청청이라는 말이 제일 먼저 떠오른다. 홀로 푸르다. 홀로 높은 절개를 지켜 늘 변함이 없음을 나타내는 이 사자성어는 둘째를 두고 한 말인 것 같다.'라고 힘주어 표현한 그것이 바로 필자의 눈길을 끌어당긴다.

그런데도 이은희 씨의 가족 이야기는 조금도 지루 않다. 마치 구천의 샘물이 가뭄을 내쫓는 듯, 삼동의 냉방에 군불을 지피는 듯 신선한 소재가 그림처럼 전개된다. 난해하고 희귀하여 독자의 요구를 외면하거나 위선과 과장으로 무리하게 짜 맞춘 서투른 언어들이 아니다.

그래서 둘째와 셋째로 자연스럽게 '청아(靑我)'와 '정행(正行)'으로 아호를 작명한다. 작품 속에서 작자는 또 한 번 지조와 고절을 강조하였고, 아들에게는 언제나 한결같이 떳떳하고 바르게 살라는 인간 정도의 교훈을 심어주었다.

인간이면 언제 어디서라도 시간을 등지고 훌쩍 떠날 수는 없다. 수필가 이은희 씨 역시 세 아이의 성년식을 끝내고 나니 어느새 세월이 저만치 달아났다고 넋두리를 편다. 할머니! 세월이 챙기고 또 챙긴 겸손한 이름과 동행하며 멋진 여자로 살아가겠다고 글을 맺는다.

교실에 들어서니 아이들이 반갑게 인사를 한다. 수업 시간까지는 아직도 많은 시간이 남았는데 준비를 끝내고 기다리는 저 아이들은 도대체 몇 시에 온 걸까. 지각 아닌 지각을 하고 아이들과 인사를 나눈다. 한 여학생이 쪼르르 앞으로 나온다. 목걸이를 보여 달란다. 만지작거리며 진짜냐, 비싼 거냐, 어디서 살 수 있느냐? 하고 쉴 새 없이 질문하고 또 하더니 그 목걸이를 자기에게 주면 안 되겠냐고 한다. 아이들이 장난감처럼 가지고 놀 수 있는 물건이 아니라고 타이른다. 아이의 표정이 금세 달라진다. …(중략)

목걸이를 꺼내 예쁘게 포장을 하고 남편에게 사실을 고한다. 묵묵부답 어이없다는 표정이다. 주방으로 가고 있는 내 뒤통수에 텔레비전 소리를 크게 보낸다. 화가 난 모양이다. 따끈한 차 한 잔을 들고 다시 거실로 향한다. 아무 말도 안 하고 앉아 있는 모양새가 건드리면 안 될 것 같다. 포장한 목걸이를 문갑 위에 살짝 놓고 까치발로 흘끔흘끔 뒤돌아보며 서재로 도망간다.

-「남는 장사」 중에서

수필가 이은희 씨는 인정미가 넘치는 사람이다. 정을 주고 정을 받고 사랑을 하고 사랑을 돌려받는 상대의 거래가 아니라 정도 주고 사랑도 주는 예쁜 성정이기도 하다. 생활 전선에서 천진한 아이들과 자주 접촉하다 보면 작품 세계도 제재와 주제면에서 순진한 사랑에 치우치기 쉽다.

불우한 아이와 불쌍한 아이, 난잡한 아이와 점잖은 아이는 환경의 영향도 크지만 그 처지와 근본이 다르다. 작품 속의 주인공은 아버지와 같이 지내면서도 어머니의 따뜻한 품을 그리워하는 귀엽고 똑똑한 아이이다.

선생님의 언행과 모습은 무엇이든 호기심의 원천이고 소유의 대상이다. 어린이의 동심이 어른을 감동시키는 위력을 발휘하면 그것은 미래를 탐구하는 희망의 휴머니즘과 개척정신이기도 하다. 학생의 말 한마디에 가족회의를 시도할 만큼 심각한 작자의 심정은 결국 내면의 아름다움으로 귀결된다.

알다시피 수필은 하나의 소재를 순간적으로 포착하면 그 소재의 범주를 그리는 동시에 예리한 관찰력을 발휘해야 한다. 다시 말하면 민첩하고 날렵한 상상력과 사실적인 문장의 묘사가 절실히 요구된다. 작가 이은희 씨는 결혼과 함께 백년해로의 징표인 목걸이를 두고, 아이의 천진성을 매개체로 남편과의 갈등을 심미적 혜안으로 문장을 전개한다.

작자는 작품의 끝에서 지금의 이 아이가 훗날 나의 이 목걸이보다 훨씬 귀하고 값진 보석을 달고, 안락하고 멋진 가정의 화려한 주인공이 되길 기대한다. 이는 이미 작가의 수필가다운 정심과 정화된 내면의 세계가 한 편의 작품을 통하여 이 글 속의 주체에게 고운 이미지로 건네진 것이다.

> 그 남자는 내가 서 있는 자리로 성큼성큼 걸어온다. 훤칠한 키에 뿔테안경을 쓴, 처음 보는 낯선 남자다. 많은 사람이 참석한 행사이니 내가 모르는 사람도 있을 터, 얼마나 급한 일이기에 이 시간에 나를 찾아 앞으로 나올까. 내 생각과는 달리 별일 아닌 듯 평범하게 인사를 하고, 내 손에 명함 한 장을 쥐여주고 뒷자리로 사라진다. …(중략)
>
> 그 일이 있고 난 뒤, 학교에서 아이들과 「30년 후의 나의 모습」이라는 주제로 명함 만들기를 하였다. 30년 후 나는 어떤 모습으로 살아갈까. 어떤 일에 종사하고 있을까. 자신의 미래를 깊이 반성해 보고 없던 장래 희망도 찾는 시간을 가졌다. 아이들은 진지했다. 생전 처음 접해보는 주제에 호기심도 자신감도 재미와 감동도 있었다.
>
> –「빼앗긴 명함 」중에서

작품 전체를 보면 문인들이 모인 어느 행사장에서 사회를 보던 작자에게 있었던 콩트 같은 촌극이다. 명함을 주었다가 다시 빼앗는 참석자의 무례를 학생들의 방과 후 수업에 전이한 학습활동이다.

사실 명함이란 처음 만난 사람에게 자신의 신상을 알리기 위해 건네주는 작은 종이에 불과하다. 작자는 순간의 불미한 사건을 장래의 희망을 꿈꾸는 어린 제자들에게 명함 만들기를 학습 자료로 활용하였다. 또한 그들에게 30년 후의 자화상을 심어주는 현장으로 작품의 주제를 확대시킨 것이다.

작가 이은희 씨는 지금의 꿈 많은 이 제자들이 가까운 그날 자력으로 성공하여 멋진 명함을 들고 '나'를 찾아올 것이라 믿는다. 그때에는 오늘처럼 명함을 절대로 빼앗기지 않을 것이라고 다짐한다. 이는 이은희 씨의 교육자다운 심성이 훗날의 기대와 함께 수필 작품으로 승화되는 희열과 메아리이기도 하다.

그녀들의 한국생활을 가만히 들여다보면 재미있는 일들이 참 많다. 누구든 마찬가지겠지만 그들도 고향의 맛을 잊지 못하고 어머니의 손맛을 그리워한다. 베트남과 기후가 비슷한 때에 맞춰 그곳 채소를 우리 땅에 파종한다. 채소가 자라면 서로 나눠 먹으며 바다 건너 두고 온 고향 이야기를 한다. 그들이 다 모일 수 있는 날은 다문화가족 결혼이민자 한글 수업이 있는 날이다. 어린 아이는 등에 업고 한 손에 책가방 또 한 손에는 집에서 키운 베트남 채소보따리가 들려 있다. …(중략)

수년째 초등학교 방과 후 수업을 다니고 있다. 학교에는 다문화가정의 아이들에 대한 프로그램이 유난히 많다. 일반 학생들과 구분되는 프로그램이 많을수록 다문화가정의 학생들은 일반 학생들과 어울릴 기회가 없다. 저절로 왕따가 되는 경우다. …(중략)

그들은 오늘도 보따리 하나씩 들고 강의실에 들어온다. 보따리 속에는 어떤 것이 있을까. 제일 궁금해 하는 사람은 바로 '나'다. 처음 보는 베트남 채소가 신기하고 나누는 일 또한 재미있다.

– 「보따리」 중에서

인간이면 누구나 조국이 있고 고향이 있기 마련이다. 떠나 온 산하, 헤어진 가족에 대한 실향민의 애환은 일찍이 우리 민족이 겪은 참담한 현실이다. 오늘날 우리나라에는 다문화 가정이 많다. 작자는 초등학교 방과 후 인성교육과 다문화가정 주부들에게 한글 문해 강의를 몇 년째 하고 있다.

특히 베트남에서 이주한 결혼이민자들과 아이들에게 한국의 풍물과 관습을 전파하고, 한국민의 긍지와 기초 문화를 심어주는데 갖은 노력을 기울인다. 여기에서 작품의 긴요한 소재이면서 제목으로 연결된 「보따리」는 그 자체가 무한한 잠재력을 가진 비밀이고 호기심이다.

이윽고 장막은 서서히 걷히고 궁금증은 해소된다. 주부들이 풀어 놓은 각자의 보따리에는 이국에서 겪는 근심·걱정과 고국의 토속이 담긴 베트남의 채소들이었다. 마침내 나눔의 시간이 웃음과 소통으로 번진다. 슬픔을 같이 하면 반으로 사라지고, 기쁨을 나누면 반만큼 불어난다고 했던가.

작가 이은희 씨는 몇 년째 방과 후 수업을 하면서 다문화가정의 아이들과 주부들에 대하여 바른 교육의 전문적인 의견도 제시하였다. 더욱이 어린 나이에 한국의 새 신부가 된 이주민과 한글 수업을 하면서 예리하게 관찰한 대상이 바로 그들의 보따리이다.

수필이 진솔하고 자연스럽게 분출되는 개성적인 글이어야 한다면, 작가는 새로운 삶을 찾아 한국에 정주한 결혼이민자들의 고난과 역경을 생생하게 파헤쳐 한 편의 수필 작품으로 자연스럽게 발전시킨 것이다.

또한 작가는 고독과 번민에서 벗어나지 못하고 어려운 환경을 극복하는 그들의 편에서, 어느 누구에게라도 사랑과 정을 나누어주는 참교육자의 성품을 지녔다고 하겠다.

생전의 아버지는 나의 자질구레한 넋두리까지 다 들어주는 아주 친한 친구였으며 커다란 바위와도 같은 분이셨다. 어느 때는 혼자 식탁 앞에 앉아 밥을 먹다가 문득 내 앞에 앉아 있는 것 같아서 자세를 똑바로 고칠 때도 있었다. 금방이라도 현관문이 열리며 '뭐 하니!' 하고 들어설 것 같은 착각에 빠지기도 하고, 전화벨이 울리면 아버지일까, 반가운 마음에 수화기를 들기도 한다. 좋은 일이 생기면 제일 먼저 아버지가 생각나고, 그럴 때마다 따뜻한 아버지의 품이 그리워진다. …(중략)

며칠 전에는 꿈속에서 아버지를 만났다. 오랜만에 오신 아버지는 내게 알려 줄 것이 있다면서 나를 데리고 고조부님 댁으로 가셨다. 충주 군수를 지내신 고조부님 댁부터 증조부님, 조부님 댁을 차례대로 알려 주시더니, 다음에 집을 찾을 때는 문패를 보고 찾아오라고 하시며 어디론가 가셨는데, 나는 큰 소리로 아버지를 부르면서 잠에서 깨어났다. 두루마기를 말쑥하게 차려 입고 중절모자를 썼던 아버지의 모습이 하루 종일 눈앞에 아른거려 오후에는 주과포를 챙겨들고 선산을 찾아갔다.

-「문패」 중에서

가정마다 달려 있는 문패는 묘소 앞에 세워진 비석과도 같은 것이다. 문패를 보고 주소를 찾아 그 사람의 거처를 알 수 있는 것처럼, 비석을 보면 선영의 항렬과 위치를 쉽게 이해할 수 있다.

마음에 있으면 꿈에도 있듯이 어느 날 꿈에서 만난 아버지께서 나를 보고 싶거든 '문패'를 보고 찾아오라고 신령적인 게시를 하였다. 아버지의 현몽에 영감을 얻은 작자는 당장에 주과포를 챙겨서 부모님의 선영을 찾은 것이다. 아니나 다를까. 부모님의 묘소 앞은 텅 비었으니 꿈속의 문패가 바로 비석이라는 사실을 확인하였다.

효는 백행의 근본이라고 했다. 부모에게 효도하면 성공하고, 불효하면 실패 한다고 했다. 인정이 야박하고 인륜을 망각하면 액운이 따른다는 것도 빈말이 아니다. 글을 쓰는 일도 마찬가지이다. 먼저 바른 사람이 되고 나서 문학의 길도 걷고 수필도 써야 하지 않을까.

'아버지의 육신은 우리 곁을 떠났다. 하지만 내 마음과 글 속에 아버지의 영혼은 영원히 살아 계시리라는 것을 나는 믿는다. 오늘도 양지바른 산기슭에 두 분이 잠들어 있는 친정을 찾아갔다.'

수필가 이은희 씨는 글귀(句)마다 아버지에 대한 효성이 유달하다. 여자에게 친정은 언제든지 내 집과도 같은 곳, 오늘도 친정의 뜰에는 남보다 먼저 봄을 준비하던 엄마의 모습과 아버지의 웃음이 함박꽃처럼 피어난다고 했다.

그는 작품을 마무리하면서 이제는 비석이 세워진 부모님 산소에 늘 푸른 울타리를 설치하여 효심의 끈을 맺겠다고 다짐한다.

필자는 그의 작품 몇 편을 대략 일별(一瞥)하였다. 이 밖에도 참신한 소재를 선택한 훌륭한 작품이 많겠지만 위의 작품만으로 보아도 작가의 수필세계는 미루어 짐작할 수 있었다.

수필가 이은희 씨는 한마디로 진짜 곱고 부드러운 여자이다. 수식어를 조금 붙이면 깨끗하고 참신하며 정직하고 순진하다. 그의 내면에 도사린 외유내강과 역지사지의 성정은 그가 무엇이든 할 수 있다는 인내와 끈기이며 자신감과 의지의 원천이라 여겨진다.

그는 겸손과 양보를 인생의 미덕으로 삼고, 여가를 이용하는 여러 분야에 걸쳐서 하는 일이 무척 많은 그야말로 부지런한 여자이다. 매사에 근접하면 예리하게 관찰하고, 불우한 상대와 동고동락하는 인정미가 넘친다. 그러므로 작품의 소재 역시 자신의 생활 현장에서 착상된다. 따라서 주제의 방향도 작자의 주관이 뚜렷하되 독자에게 거부감을 주지 않는다.

아무튼 수필가 이은희 씨는 정감(情感)하고 순수(純粹)하며 깨끗하고 아름답게 살아가는 행복한 여자이다. 그의 작품 세계 역시 이번 수필집의 제목인 『겸손한 이름』에서 이미 작가의 인생관과 작품의 주제 방향을 독자 스스로가 파악하고 짐작하리라 믿는다.

필자가 오늘, 천박(淺薄)한 단견(短見)을 피력하는 연유는 작가보다 인생의 선배이며 수필의 문턱을 먼저 넘었다는 단 하나의 사실밖에 없다. 그렇다 보니 수필문학추천작가회의 동인 활동으로 인하여 만남과 헤어짐의 반복도 소담한 추억으로 남아 있다. 어쨌든 이은희 씨와의 만남은 소중하고 귀한 인연으로 먼 그날까지 곱고 아름답게 간직하고 싶다.

아무쪼록 그의 앞날에 좋은 일들만 오래도록 이어지고, 수필가로서 작품 활동에도 정진하기를 기대합니다. 수필가 이은희 님의 처녀 수필집 『겸손한 이름』 출간을 진심으로 축하하면서, 가족 모두가 건강하고 가정에 행운이 충만하기를 간절히 기원합니다.

수필문학사 수필선집 / 447

이은희 수필집

겸손한 이름

2019년 5월 30일 초판 인쇄
2019년 5월 31일 초판 발행

지은이 / 이은희
발행인 / 강병욱

발행처 / 도서출판 교음사
편 집 / 隨筆文學社 出版部

03147 서울 종로구 삼일대로 457 수운회관 1308호
Tel (02) 737-7081, 739-7879(Fax)
e-mail : gyoeum@daum.net

등록 / 제300-2007-52호

* 잘못된 책은 바꿔 드립니다. 값 12,000원

ISBN 978-89-7814-751-4 03810

이 도서의 국립중앙도서관 출판예정도서목록(CIP)은 서지정보유통지원시스템 홈페이지(http://seoji.nl.go.kr)와 국가자료종합목록 구축시스템(http://kolis-net.nl.go.kr)에서 이용하실 수 있습니다.(CIP제어번호 : CIP2019022281)

· 이 책은 강원도와 강원문화재단 후원으로 발간되었음.